书山有路勤为径,优质资源伴你行
注册世纪波学院会员,享精品图书增值服务

·项/目/管/理/核/心/资/源/库/

[美] 扎卡里·王 著
（Zachary Wong）

赵启柱 柳鸣 邹小进 译

项目管理中的8项人际关系技能

帮助项目经理解决与人有关的实际问题

The Eight Essential People Skills for Project Management

Solving the Most Common People Problems for Team Leaders

电子工业出版社
Publishing House of Electronics Industry
北京·BEIJING

The Eight Essential People Skills for Project Management: Solving the Most Common People Problems for Team Leaders by Zachary Wong

Copyright © 2018 by Zachary Wong

Simplified Chinese translation edition copyright © 2022 by Publishing House of Electronics Industry. All rights reserved.

Copyright licensed by Berrett-Koehler Publishers arranged with Andrew Nurnberg Associates International Limited

本书简体中文字版经由 Berrett-Koehler Publishers 授权电子工业出版社独家出版发行。未经书面许可，不得以任何方式抄袭、复制或节录本书中的任何内容。

版权贸易合同登记号　图字：01-2021-2025

图书在版编目（CIP）数据

项目管理中的 8 项人际关系技能：帮助项目经理解决与人有关的实际问题 /（美）扎卡里·王（Zachary Wong）著；赵启柱，柳鸣，邹小进译. —北京：电子工业出版社，2022.6（2025.8重印）

书名原文：The Eight Essential People Skills for Project Management: Solving the Most Common People Problems for Team Leaders

ISBN 978-7-121-43228-6

Ⅰ. ①项… Ⅱ. ①扎… ②赵… ③柳… ④邹… Ⅲ. ①项目管理－人力资源管理 Ⅳ. ① F243

中国版本图书馆 CIP 数据核字（2022）第 064771 号

责任编辑：卢小雷
印　　刷：涿州市般润文化传播有限公司
装　　订：涿州市般润文化传播有限公司
出版发行：电子工业出版社
　　　　　北京市海淀区万寿路173信箱　邮编100036
开　　本：720×1000　1/16　印张：15.75　字数：218千字
版　　次：2022年6月第1版
印　　次：2025年8月第3次印刷
定　　价：79.00元

凡所购买电子工业出版社图书有缺损问题，请向购买书店调换。若书店售缺，请与本社发行部联系，联系及邮购电话：（010）88254888，88258888。

质量投诉请发邮件至zlts@phei.com.cn，盗版侵权举报请发邮件至dbqq@phei.com.cn。

本书咨询联系方式：（010）88254199，sjb@phei.com.cn。

译者序

2021年年初，本人很荣幸地受电子工业出版社邀请，评审了本书的英文原著，并利用接下来的春节假期认真阅读了原著。2021年3月底，本人正式接受邀请，负责将这本有关项目管理的英文著作翻译成中文。对于我来说，翻译工作是一件有点儿挑战但会让人感到充实和快乐的事情。

当今世界，一切皆项目。项目管理能力已逐渐成为职场人必备的一项基本能力，也是项目经理（团队领导者）必须掌握的专业能力。如何提升自身的项目管理能力，如何带好团队并管理好项目是摆在项目经理面前最迫切、最具挑战性的问题。当然，这对于个人的成长也是大有裨益的。我们知道，决定团队或项目成功的关键因素在人。作为在ICT行业从事过多年项目管理工作的人士，我深深地知道，项目经理在项目管理中处理好人际关系是一项非常重要的任务，这决定着能否建立高效的团队和项目最终的成败。特别是在当下的职场中，面对Z世代和千禧一代的新人，项目经理应如何有效地管理好他们并充分发挥他们的能力、提升他们的绩效，也是急需思考和解决的问题。

本书作者结合其多年的科学研究、工作经验和总结，围绕项目经理在项目管理中遇到的与人相关的8个典型场景进行了系统性的讲解，总结输出8个人际关系技能：如何诊断和处理人际关系问题；如何在处理人际关系问题时对事不对人；如何建立高度成功的团队；如何转变员工的态度、

The Eight Essential People Skills for Project Management

提升员工的幸福感和绩效；如何搞定难相处的员工和绩效不佳的员工；如何激励正确的团队行为；如何在面对变化、问题和新挑战时取得成功；如何赢得上司的青睐和提高影响力。本书从如何管理好多重角色和处理好人际关系，如何激励团队成员以提升团队绩效，如何敢于接受新挑战以争取更大的影响并做好向上管理等几个方面逐级递进展开并进行阐述，每章都包括概念、模型、故事、策略、流程、工具等，并针对每个场景提供具体的解决方案，以帮助项目经理解决实际问题。这些场景涵盖了项目经理经常遇到的和最棘手的一些人际关系问题，这些技能也都是项目经理需要掌握的关键技能。每个场景自成一章，讲解了一项重要技能。在每章中，既有理论模型和基本概念，如楔形模型、三顶帽子、"环"结构（成功的团队模型）、冰激凌蛋筒、向前滚球（过去—现在—未来模型）、ABC盒子、黑箱效应等，也有实用的流程工具和方法，如ERAM、CPB、MVVOS、SCOOP等，还配有大量的图表和示例。在介绍每个技能时，作者都会结合工作和生活中的真实案例来进行讲解，并提供有针对性的解决策略和具体方案，加上每章最后的总结提炼，形成每个技能的核心知识点。本书结构严谨、内容丰富、通俗易懂、易于实践，对于项目经理来说，无疑是一本难得的工具参考书。

尽管本书的每章内容自成一体，但全书又有一定的前后逻辑关系，因为后面章节介绍的技能会用到前面章节介绍过的概念、模型、策略、流程、工具和方法等。建议读者在阅读本书时先按章节顺序通读全书，之后在实际工作中，如遇到与人际关系相关的问题，则可快速查找相应章节的内容进行再学习。本书适合想成为或已是项目经理的朋友当作案头书进行查阅，也适合所有身处职场中的朋友们学习和参考。如果你在实际工作中能够按照本书提供的模型、策略、技能、工具和方法等有选择性地进行实践，我相信，本书一定能帮助你成为更优秀的项目经理。祝你成功！

译者序

  在这里，本人真诚地感谢电子工业出版社编辑卢小雷为我提供了翻译本书的机会，并在翻译过程中给予了很多的指导和鼓励。当然，还要感谢我的两位翻译搭档柳鸣女士和邹小进先生。在翻译过程中，我们分工协作，相互讨论、交流和监督跟进，最终得以将译稿顺利完成。最后，我要感谢我的家人，感谢他们在我这几个月的翻译和统稿过程中给予的理解、支持和包容！

  由于本人能力有限，译稿难免存在文采不足和错漏之处，还请朋友们不吝赐教，以便我们进行修正。万分感谢！

赵启柱

前言

根据数十年的学习和研究，自身的经验积累，以及来自行业、政府和学术界的数百名项目经理的反馈，我总结了项目管理中8项基本的人际关系技能。项目经理认为，这8项基本的人际关系技能是解决当今职场中最棘手的人际关系问题所需要的、最常见的、最受欢迎的技能。8项基本的人际关系技能包括：如何诊断和处理人际关系问题；如何在处理人际关系问题时对事不对人；如何建立高度成功的团队；如何转变员工的态度、提升员工的幸福感和绩效；如何搞定难相处的员工和绩效不佳的员工；如何激励正确的团队行为；如何在面对变化、问题和新挑战时取得成功；如何赢得上司的青睐和提高影响力。

本书主要为项目经理（团队领导者）提供了模型、工具和见解，以帮助其有效地诊断和处理人际关系问题。这8项基本的人际关系技能包含实用的策略、方法、提示和技巧，可以帮助项目经理（团队领导者）快速提高能力。正如一位读者所说："我需要这本书，它提供了很多在学校或工作中学不到的东西，它与我们在现实社会中实际面对的事情息息相关。"

如果你是现任或未来的团队领导者，恭喜你，你拥有当今职场中最具挑战性和回报最高的一项工作。领导团队的工作是一把"双刃剑"，一方面你能从中获得与他人合作的快乐和满足，另一方面你要经常被监督人员、解决分歧和处理人际关系问题等事务折磨。你被期望成为主管、顾问、教练，既要负责管理，又要时常面对沮丧。

这8项基本的人际关系技能是为监督并协调他人日常表现的个人、团队领导者和管理者设计的。大多数关于人际关系管理和领导力的书都倾向于宣扬一些确定的实践与习惯来提高我们的人际关系技能。采用一套标准实践并不能使你成为有效的领导者。最好的团队领导者是问题解决者和引导者，所以本书的结构是这样的：先提供有助于诊断人际关系问题的模型、技能和工具，然后提供流程、可选项和建议。你可以根据自己的实际情况有选择地使用本书。

无论你的教育背景是技术、社会科学、人文科学、自然科学、工程还是其他学科，你都不太可能在领导和激励团队的原则和实践方面受过正规教育。在学习人际关系技能方面，你几乎只能靠自学，没有什么比领导团队更困难的了。要想取得成功，需要综合运用监督、流程和沟通技能；了解人的心理、组织行为和人力因素；还要有团队合作精神、诚实正直的人格和领导力。考虑到这些主题的广度和深度，期望项目经理能够熟练地掌握所有这些技能无疑是一项艰巨的任务，而相信项目经理能够熟练地将它们应用于多样化的项目团队则是更大的挑战。

由于基于团队的项目和组织不断增多，员工的受教育程度和协作能力不断提高，员工需要更多的授权和责任，需要更多的创新并提高生产力，需要寻求更有意义的工作。因此，人们对人际关系技能的需求比以往任何时候都更高。简言之，人们比以往任何时候都想知道更多，做更多，创造更多，贡献更多。人们的社会联系更紧密，人们更精通技术，更渴望产生影响。每个个体前所未有地拥有更多的权力、自由、能力和技术，能够使其团队、部门、公司、行业乃至整个世界产生巨大的变化。但是，团队领导者是否有足够的能力为这些前卫的员工服务，并利用好这个巨大的智囊团？在新的全球化的工作环境中，你如何引导和激励员工？由于职场人员

The Eight Essential People Skills for Project Management

结构和文化的改变，项目经理需要一套新的技能、模型和工具来领导不断变化的员工队伍。

什么是项目经理

项目经理是为一组成员提供指导、方向、引导、辅导、专业知识和动力的人，这些成员共同努力以实现共同的目标、工作成果或结果。本书介绍的8项基本的人际关系技能不仅适用于项目管理，而且适用于所有有团队领导者（如团队经理、小组组长、主管、监督员、协调员、技术负责人及任何监督他人日常表现的人）的领域和工作场所。这些人与他们的团队有着直接的联系，并对团队的工作方向、生产力和绩效负责。

什么是人际关系技能

在本书中，人际关系技能被定义为在个人、团队和组织层面上理解、引导、沟通及与人合作的能力，以满足干系人的期望，激励员工提高绩效，实现团队成功。对于当今的项目团队领导者来说，在与人合作、建立有效团队、激励他人和解决人际关系问题方面拥有丰富的知识和有效的技能是非常必要的。项目管理中的人际关系技能是一个庞大的主题，对当今的项目经理来说非常重要。尽管任务看起来很艰巨，但本书的目标是，试图将这一庞大的主题浓缩成项目经理在管理团队绩效时需要和想要的8项关键技能。

项目经理如今面临的最重要的挑战

管理多重角色：对团队领导者的期望和要求不断增加

过去，大多数大型组织都有层层的管理者和监督人员。这是实现权力、权威、控制和沟通的层级制度所必需的。但是，随着工作效率、生产力和信息技术的提高，以及产品周期的缩短、通信的便捷和工作流程的加快，组织已经去层级化和去中心化，以创建一个灵活、敏捷、协作、自我管理的组织结构，并配备高度胜任的项目团队领导者。随着一支能力更强、受教育程度更高、更成熟的员工队伍的出现，"少花钱，多办事"运动重新定义了项目经理的职能。成为你所在领域的专家，或者比任何人都更了解这项工作，都不再重要。今天的项目经理比前几代人承担了更多的技术、职能、监督和领导责任。这项工作要求有一个强有力的、称职的团队领导者。

在项目管理中，项目经理不仅要执行复杂的工作计划、预算和流程，还要处理各种各样的人际关系问题、工作冲突、绩效问题和麻烦的行为。当出现抱怨或问题时，项目经理是最重要的人，也是最权威的人。由于员工队伍更加多样化、受教育程度更高、更具自主性，项目经理不再是一个"专制主义者"，而是一个多技能、引导型的领导者，并被期望能够促成、影响和激励员工的卓越绩效。此外，随着员工的复杂性、成长性和多样性的增加，项目经理需要掌握一套更强大的人际关系技能。

有了更多的职责，你可能认为项目经理会有更多的时间和空间来运作项目。没有这样的好运气——项目经理仍被夹在岩石和硬地之间，进退两难，需要同时为管理层（岩石）和团队成员（硬地）服务。在处理人际关系问题时，项目经理要关心人又要坚持原则。让我们面对现实：项目经理有许多角色和职责，需要做以下工作：

▲ 达到或超过团队及上司和管理层的期望。

▲ 既要抓日常的战术工作，又要着眼战略"大局"。

▲ 尊重每个人，做对组织最有利的事。

▲ 有同理心，关心他人，关注他人，要坚定、果断、坚强。

▲ 跳出思维定式，勇于承担风险，领导变革，按时完成项目，出色执行，无差错地完成所有必需的管理任务。

项目经理现在生活在一个"和"的世界，而不是"或"的世界——面

The Eight Essential People Skills for Project Management

对更少的选择和更多的要求。通过将公司战略与行动计划、管理举措与工作指令、业务目标与个人绩效目标联系起来，项目经理可以弥合管理层（上司）与团队之间的分歧。毫无疑问，弥合管理层和团队之间的分歧会让人觉得这是一件没有胜算的事情——"你无法取悦每个人"。项目经理仍然被双方所束缚，这真是一个可怕的地方。

对于第一个挑战，项目经理最常见的问题是：作为团队领导者，我在为管理层和团队成员服务时的关键角色是什么？在当前更温和、节奏更快的工作环境中，领导员工的最佳策略是什么？我如何确保以适合的方式处理适合的问题？"专制"已经不复存在了，作为引导型领导者，我该如何有效地保持控制和影响力？如何平衡个人、团队和管理层之间的利益？如何避免在处理人际关系问题时过于软弱或过于强硬？我如何解决棘手的人际关系问题而不受到情感上的伤害？

你可以在以下章节中找到这些常见问题的答案：

▲ 第1章 如何诊断和处理人际关系问题（技能1）。

▲ 第2章 如何在处理人际关系问题时对事不对人（技能2）。

激励他人提高绩效：在管理个人和团队行为方面需要更多的技能

决定团队成败的不是流程、技能或经验，而是团队行为。项目经理激励和管理团队行为的效果决定了项目能否成功。最重要的团队行为包括信任、沟通、反馈、认可、相互依赖、重视个性、透明度和责任感。过去，项目经理主要关注项目目标、目的、工作计划、预算和可交付成果。如今，项目经理必须能够理解团队行为，知道如何引导而不是支配"正确"的行为。项目经理不要管理他人，而要领导他人。作为团队领导者，项目经理的工作是管理绩效，这就需要管理行为。项目经理需要了解人的主体行为和行为管理方面的技能，而这并不容易。这些领域是十分抽象的，以至于试图将其应用于项目管理这样一门实践学科似乎有些牵强。这就是这些人际关系技能在项目管理中被忽视了这么长时间的原因。

世界从婴儿潮一代到了千禧一代，从模拟到了数字，从纸质媒体到了社交媒体，从对公司忠诚到了对职业忠诚，从个人文化到了团队文化，从"恐惧和顺从"到了"关心和关注"，从延迟满足到了即时满足，从年度绩效评估到了日常反馈，从垂直管理到了敏捷管理。随着工作环境和人口结构的变化，我们看到了组织结构的变化，相应地，我们需要改变激励和管理团队绩效的方式。面对角色的转变，我们需要更多的伙伴关系、协作和引导。

解决人际关系问题通常意味着纠正不受欢迎的行为、改善不良的绩效和解决冲突。项目经理通常如何应对这些挑战？最常见的策略是回避——不与员工一起解决问题。项目经理害怕负面的反对声音，害怕被贴上严厉上司的标签，害怕降低员工士气，或者更糟糕的情况——员工向人力资源部门投诉。但不作为也会带来后果。大多数项目经理没有处理好问题，而是简单地接受它，试图补救它，并希望它能自行解决或转移到其他人身上。在内心深处，项目经理知道自己在拖延，这只会把问题变得更混乱。对于任何一位项目经理来说，面对难相处的员工和绩效不佳的员工都是一项艰巨的任务。不管项目经理的经验有多丰富，这都是一个没有人愿意面对的情况，这也是有这么多人不愿意成为项目经理的关键原因之一（其实，这根本不值得让人头痛）。

对于第二个挑战，项目经理最常见的问题是：对于高度成功的团队来说，其关键行为是什么？我如何激励和引导这些关键的团队行为？我如何让员工对他们的工作感到高兴和满意？如何提高和维持团队的高绩效？有哪些具体步骤和技巧可以搞定难相处的员工和绩效不佳的员工？让员工做我想让他们做的事，有秘诀吗？人际冲突的根源是什么？

你可以在以下章节中找到这些常见问题的答案：

The Eight Essential People Skills for Project Management

▲ 第3章 如何建立高度成功的团队（技能3）。

▲ 第4章 如何转变员工的态度、提升员工的幸福感和绩效（技能4）。

▲ 第5章 如何搞定难相处的员工和绩效不佳的员工（技能5）。

▲ 第6章 如何激励正确的团队行为（技能6）。

争取更大的影响：领导变革，解决问题，接受新挑战，影响你的上司

如今，项目经理必须在管理项目和领导人员方面应对不断出现的变化和挑战。项目管理最具挑战性的方面是，在实施战略、工作计划、流程、技术、采购、成本管理和系统控制过程中应对不确定性和不可预测性。为了在项目管理中取得成功，项目经理和项目团队必须善于处理不确定性和风险。如果不承担一些风险，项目经理就不可能取得更大的成就。项目经理必须善于承担风险，才能成功地领导新项目，实施新技术，做出改变，改进工作流程，解决棘手的问题，并产生更大的影响。然而，到了尝试新事物或开辟新天地的时候，人们往往会等待、犹豫、分析，并说服自己放弃。"风险厌恶"是项目管理中的一个主要障碍，也是许多组织普遍存在的一种行为。项目经理需要新的、更好的技能来帮助团队克服因承担风险带来的恐惧、不情愿和不适。项目经理可以在承担风险中提高团队领导力，进而帮助自己获得成功并产生更大的影响。

"向上管理"也是重要的人际关系技能，它会对项目经理产生更大的影响，能够帮助项目经理与其经理或上司建立牢固的工作关系。项目经理的上司是项目经理获得授权、支持和自由的最关键的"资源"，也是实现项目经理的目标和抱负所必需的。此外，与上司保持良好的关系对项目经理的快乐和幸福也很重要。在工作中，项目经理的上司可能是一个很好的推动者或破坏者，没有什么比有一个好上司（或糟糕的上司）更好（或更糟糕）的了。为了取得成功，项目经理需要知识和技能来有效地向上管理，并从上司那里获得更大的影响力和更多的青睐。

对于第三个挑战，项目经理最常见的问题是：提高应对不确定性和风险的能力都需要哪些关键行为？克服"风险厌恶"和变革阻力的关键是什么？项目经理如何以更强的信心和意愿来让自己和团队接受挑战，从而尝试新事物？在面对新的、困难的变化、问题和挑战时，项目经理如何帮助团队勇往直前？向上管理并获得更大影响力的最佳方法是什么？如何才能增加项目经理的价值和机会，并从上司那里得到其想要的东西？

你可以在以下章节中找到这些常见问题的答案：

▲ 第7章 如何在面对变化、问题和新挑战时取得成功（技能7）。

▲ 第8章 如何赢得上司的青睐和提高影响力（技能8）。

本书为项目经理提供了一些基本的策略、技能和工具，以解决最常见的和最棘手的人际关系问题。本书的结构清晰，便于理解和学习。为了适应不同的学习偏好，本书的每一章都包含概念、策略、故事、示例、流程、工具和技巧，并配有插图、表格等可视化素材。在每章的开头，先通过案例故事来介绍每项技能的核心概念，然后强化和澄清主要观念。此外，在每章的结尾，还包括一张技能记忆卡和一份技能总结，以帮助项目经理复习、记忆和参考最重要的知识点。

管理人员是一门个性化的艺术，需要广泛的实践和丰富的经验。如果你是经验丰富的项目经理，本书很可能是"不合常规的"，它解释了你在工作中的很多直觉和经验。本书介绍的8项基本的人际关系技能将确认、改变和挑战你目前关于领导团队和管理员工绩效的想法。

本书呈现了我通过教学、研究和咨询获得的一些最好的知识。这8项基本的人际关系技能来源于我的学生和客户（他们都是项目经理）提出的许多问题。这使我能够根据自己40多年的经验来思考、制订和开发有用的解决方案。在这个过程中，我不仅发现我过去所学到的知识对其他人很有价值，而且我可以在各种各样的组织和环境中对解决方案进行测试、打磨，从而进

The Eight Essential People Skills for Project Management

一步完善它们。这个过程一直持续到今天，我很高兴有机会学到这么多。

当然，本书的内容仍需要不断精进，我的目标是与尽可能多的人分享这些宝贵的经验，希望这些知识能继续得到传播和改进。我希望这8项基本的人际关系技能对项目经理的职业生涯和个人生活都有所裨益。

目 录

第1章 如何诊断和处理人际关系问题 …………………… 001

新的组织楔形模型——不再是金字塔模型 ……………… 002

利用个人、团队和管理层的权力与资源 ………………… 006

使用楔形模型管理绩效和解决人际关系问题 …………… 008

第2章 如何在处理人际关系问题时对事不对人 ………… 025

团队领导者最艰难的挑战 ………………………………… 048

六种展示自己的最好方式 ………………………………… 049

第3章 如何建立高度成功的团队 ………………………… 056

成功团队中最重要的人力因素 …………………………… 060

是什么提高和降低了员工的积极性 ……………………… 063

在冲突期间保持团队团结 ………………………………… 066

在"我们"和"我"之间选择 …………………………… 073

良好团队合作的价值 ……………………………………… 074

成功团队的六种包容性行为 ……………………………… 075

The Eight Essential People Skills for Project Management

第4章　如何转变员工的态度、提升员工的幸福感和绩效 ········ 089

员工不同的态度水平 ·· 097
是什么驱动了员工积极和消极的态度 ························· 099
如何转变员工的态度和提高团队绩效 ························· 101
转变员工的态度 ··· 105
如何以正确的方式对待他人以获得最大的影响力 ············ 106

第5章　如何搞定难相处的员工和绩效不佳的员工 ··············· 113

职场中最难相处的十种人 ·· 116
难相处的员工和绩效不佳的员工的特点 ······················· 117
如何让绩效不佳的员工重回正轨 ································ 118
是什么阻碍了难相处的员工和绩效不佳的员工 ··············· 122
纠正难相处和绩效不佳行为的策略 ······························ 123
搞定难相处的员工、绩效不佳的员工和其他问题员工的过程模型 ·· 125
注意难相处的绩效出色的员工 ·································· 140

第6章　如何激励正确的团队行为 ·································· 144

促进团队行为的最佳模型 ·· 149
触发正确的团队行为：盒子A ··································· 150
定义团队的关键成功行为：盒子B ······························ 154
维持所需团队行为的最重要技能：盒子C ····················· 157

第7章　如何在面对变化、问题和新挑战时取得成功 ············ 174

不确定性、恐惧和风险如何影响员工：黑箱效应 ············ 180
克服环境不确定性的秘诀 ·· 182

XVI

克服能力不确定性的秘诀 ·· 189
克服不良结果不确定性的秘诀 ·································· 196
冒险如何助你成功 ·· 201

第8章 如何赢得上司的青睐和提高影响力 ················ 205

与上司合作愉快：你的幸福取决于此 ························ 206
避免所有员工都害怕的行为 ···································· 210
向上管理的关键 ··· 211
赢得上司青睐和提高影响力的策略 ···························· 213
如何得到你想要的晋升 ·· 218
管理糟糕的上司 ··· 220
与难相处的上司共事 ·· 228

后记 ·· 233

The Eight Essential People Skills for Project Management

新的组织楔形模型——不再是金字塔模型

诊断和解决人际关系问题首先要了解当今组织的基本结构。从历史上看，组织结构的经典模型是金字塔模型，在金字塔顶端是少量的董事，其下一层是高级管理人员，在金字塔中部遍布一大堆中级管理人员，在金字塔底层是最广泛、最大量和最低级别的基层员工，如图1.1左侧所示。它是自上而下的管理模式，层级结构代表了授权、决策、知识和薪酬的相对分布情况。地位越高，拥有的就越多；下一层的人员为上一层的人员服务。大部分员工位于金字塔的下半部分，他们仅有有限的权力，控制和获取信息的渠道有限。晋升是艰难的攀爬过程。然而，随着时间的推移，"基层员工是需要密切监督和命令与控制结构的劳动者"这个假设变得越来越过时了。

近年来，另一种概念模型被提出来，即倒金字塔模型，它颠覆了传统模型，并试图展示管理行为的变化及赋予员工做出决策和改变的权力，如图1.1右侧所示。在这种新模型中，管理人员为组织的大部分人员提供服务和支持，并对基层员工做出积极响应。实际上，目前尚不清楚组织是否真正采用了这种自下而上、以基层员工为基础的反向层级结构的理念。大多数组织的管理人员肯定会支持他们的基层员工，并希望他们在工作中出类拔萃。但这些管理人员是真的像倒金字塔模型所表明的那样为基层员工提供服务，还是为企业的所有者（通常是股东、投资者、金融机构和其他干系人）提供服务？政府的职责是为纳税人的利益服务；对非营利性组织来说，其服务对象则是赞助商和支持者。你的组织是按金字塔模型还是倒金字塔模型运作？

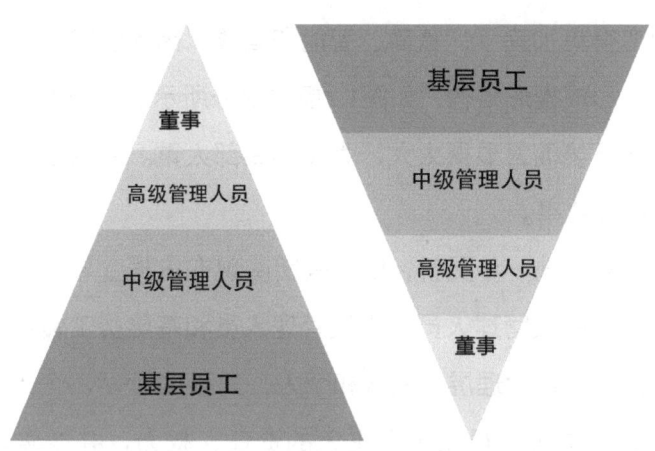

图1.1　金字塔模型和倒金字塔模型

倒金字塔模型似乎表明基层员工被赋予了很大的权力——基层员工的意志占了上风——这肯定不是事实。显然，组织策略、规则和授权是由组织的所有者和管理层定义的。尽管这些年来管理风格已经发生了很大的变化，基层员工获得了更多的授权，并且来自管理层的独断权更少了，但有人提出，在当今的组织中运作的模型可能介于金字塔模型和倒金字塔模型之间，即水平金字塔模型，如图1.2所示。

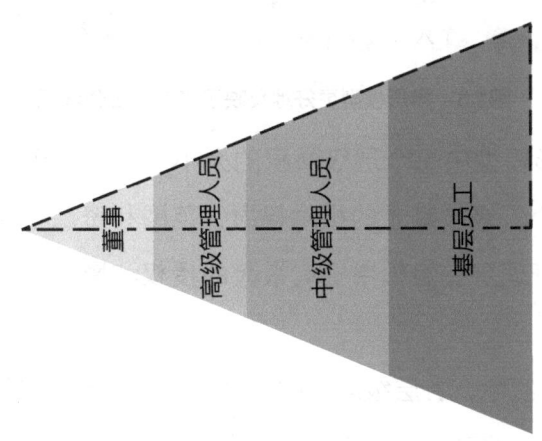

图1.2　水平金字塔模型——从金字塔形向楔形的转变

此外，由于新一代基层员工的特点，以及技能、技术、教育和沟通的进步，组织变得更加扁平、精简、智能和高效，因此金字塔模型应该被水平切成两半，形成楔形结构，如图1.2虚线部分所示。传统的金字塔模型对于今天的工作环境而言显得太大、太慢且底部太重。新的模型则需要水平化、流线型和高效率。

该模型还需要进一步更新，以反映团队现在占据主导地位的事实。我们已经从董事、高级管理人员、中级管理人员和基层员工转移到一个更基于团队的平台，包括管理层、团队和个人，如图1.3所示。个人更适合当今的工作环境，在这里，员工拥有更大的责任、权力，并能实现更大的价值。"个人"这个标签承认每个员工都是独一无二的，并且能对团队和组织的成功产生重大影响。他们不是基层员工，而是独特且有价值的贡献者。

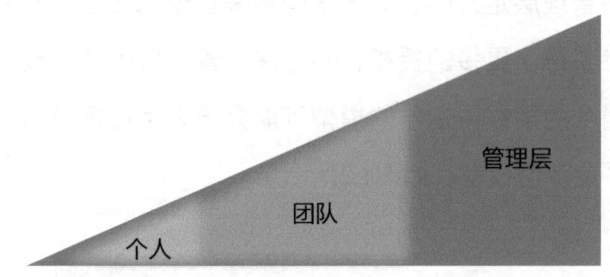

图1.3　楔形模型更好地反映了当今的工作环境

此外，楔形模型中每个层级面积的大小不应与每个层级的人数相对应，而应与每个层级被赋予的相对权力、范围和资源相对应。因此，楔形模型显示了管理层在组织中拥有最大的授权和影响力，其次是团队和个人。

在当今的组织中，各层级之间的界限在团队合作、灵活性和授权方面没有那么严格，这意味着我们需要将金字塔模型中的固定分界线更改为楔形模型中的更无缝的分界线。更多的决策是在与团队成员的协作中做出的，而且这个过程比过去更加开放和迭代。项目经理在促进、监督和领导

第1章 如何诊断和处理人际关系问题

团队方面扮演着关键角色,并在当今的职场中发挥着非常有影响力的作用。"团队领导者"这个称号从楔形模型中消失了,因为如今的团队领导者在个人和团队之间,以及团队和管理层之间流畅地工作,他们在组织的所有三个层级中跨层级运作。

最后,在预算紧缩、成本降低、外包、周期缩短和组织官僚作风减少的时代,楔形模型还象征着这样一个事实:组织已在各层级上创建了更具杠杆效应的资源和流程。例如,所有被视为商品或不提供竞争优势的服务和功能(如客户服务、维护、培训、财务)都可以很容易地被集中、共享或外包,以作为利用资源的一种手段。

简言之,由于组织管理、人员、技术、团队合作、沟通和杠杆作用的变化,我相信楔形模型更准确地反映了当今组织的结构和运作方式。技能1会让你更深入地了解楔形模型,以及它将如何帮你成为一名项目经理。

角色和职责

楔形模型中的每个层级都发挥着不同的作用,拥有不同的权力、范围、授权、杠杆作用和责任,如图1.4所示。我将在技能2中更深入地讨论这些属性的重要性。

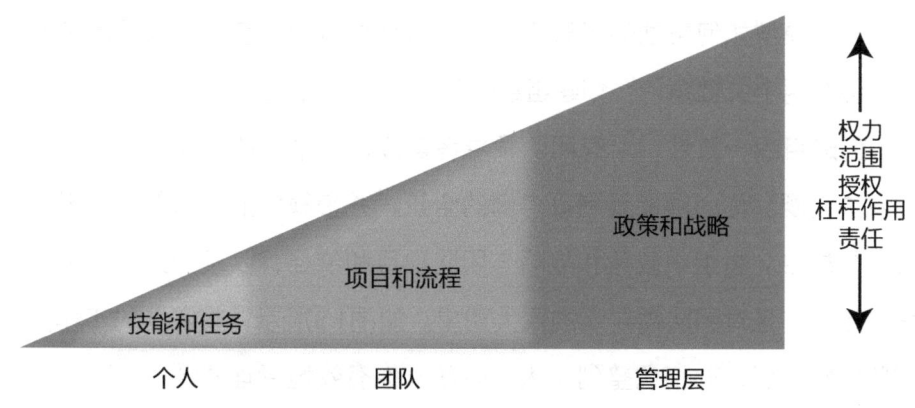

图1.4 楔形模型不同层级有不同的权力、范围、授权、杠杆作用和责任

▲ 个人：技能和任务导向。每位员工把自己独特的才能、技能、经验和多样性应用于工作中。大多数员工在负责各种工作任务、技能和流程时，其工作范围相对狭窄，授权、杠杆作用和权力有限。

▲ 团队：项目和流程导向。这个层级通常有许多不同类型的项目和职能团队，由团队负责人、部门经理、主管、总监和协调员领导。与个人相比，团队有更多的权力、范围、杠杆作用和授权来进行改变、决策和创新。

▲ 管理层：政策和战略导向。楔形模型的最高层级代表公司高管，他们的角色是领导和管理组织。管理团队在组织范围内的计划、战略、资源分配、监督和控制方面，拥有最广泛的范围、权力、授权、杠杆作用和责任。

利用个人、团队和管理层的权力与资源

楔形模型是一种多功能模型，可以作为解决人际关系问题的领导力、绩效和诊断工具。

使用楔形模型更好地了解你的领导角色

楔形模型如何帮助你了解你作为组织领导者的角色？从领导的角度来看，你有两个关键角色：创建组织一致性和利用资源。

创建组织一致性 所有团队领导者都应该以卓越的品质来领导、执行和解决问题。你必须能看到更广阔的全景，并带领你的团队努力实现组织目标和战略。将组织政策和战略与团队项目和流程，以及个人技能和任务联系起来，是对团队领导者的巨大期望。如图1.3所示，将团队的工作向上调整到管理层，向下调整到个人，有助于你有效地管理资源，实现正确的时间安排和优先级排序，应用正确的策略并专注团队，为组织创造最大的

第1章 如何诊断和处理人际关系问题

价值，这是领导团队和项目的本质。创建组织一致性将在本章和技能2中进一步讨论。

利用资源　在领导力方面，充分利用资源和最大化利用资源对于实现组织效率、盈利能力、增长和可持续发展至关重要。作为项目经理，你的时间、人员、预算和其他资源可能都很分散。你必须不断地努力，用更少的钱做更多的事，但同时要为长期的增长和发展做好投资。楔形模型象征着权力和杠杆作用，当你从个人到管理层时，权利和杠杆作用也会增加。杠杆作用意味着使用适量的时间、精力和资源来产生一个更大、更可持续的结果——产生事半功倍的效果，这是你最大的收获。换句话说，你通过利用个人和团队的资源来达到管理层的期望。

你负责管理、整合和平衡团队资源。你的团队的所有资源，包括人员的时间、技能、知识、经验、想法和最佳实践，都具有有限的价值，除非能在整个组织中加以利用。楔形模型的每个层级的相对大小反映了单个贡献者（个人），在项目和职能团队中共同工作的许多个人（团队），以及与组织的任务、战略、政策和目标一致的许多团队（管理层）的比例。

与一组个人相比，团队和组织在生产力和效率方面有哪些潜在增长？可以推测，与另一个人分享一个人的技能、知识和经验（如在导师—学员关系或交叉培训中），通过增加另一方对团队和组织的知识与技能的获取，一方的价值可能会翻倍。但是，如果我们看看一个团队，我们可以在其中优化和平衡许多人的时间、精力、想法、技能、知识和经验，那么生产力和效率的潜在增长将比一组单独工作的个人更大，如10倍。这不仅来自交叉学习（如指导、共享信息），还来自团队组织、流程与协作（如沟通、责任、计划、日程安排）、创造力（如团队头脑风暴、共同开发想法）、决策和解决问题（如更多的输入和选择）、动机（如信任、友情、团队认可、同伴压力）和团队价值观（始终如一的行为）。毫无疑问，一

007

个高绩效的团队比一组独立的个人拥有更多的价值。

最后,与独立团队相比,利用跨整个组织的许多团队(如矩阵式组织、能力中心)的技能和经验可能导致效率和价值的大幅提高,甚至可能提高百倍以上。这通常是通过管理、技术、人力资源、培训和发展、法律、计划和控制、采购、项目管理、招聘、员工福利等来实现的。百倍的增长还来自杠杆化的财政资源、政策、战略、目标、从属关系,以及物质和智力资产。

> 与独立团队相比,利用跨整个组织的许多团队(如矩阵式组织、能力中心)的技能和经验可能导致效率和价值的大幅提高,甚至可能提高百倍以上。

通过更好地利用组织的专业知识、服务和信息中心,你可以节省大量的时间、精力和金钱。无论是关于员工休假的政策问题,还是你正在寻找项目管理方面的最佳实践,这些职能和服务都以高度杠杆化的结构存在,以帮助你成为团队领导者。更重要的是,它在政策管理方面拥有广泛、长期、组织范围的先例。

使用楔形模型管理绩效和解决人际关系问题

除了帮助你了解你的组织领导角色,楔形模型是一个可视化、管理绩效和解决人际关系问题的模型。

项目经理在楔形模型所有三个层级上的工作需要无缝衔接。你管理一个团队,你和每个员工一对一地工作,你代表着管理层的政策和程序。这些职责是通过关键流程来实现的,这些流程分布在楔形模型中,如图1.5所示。你不需要自己解决所有问题。为了有效地管理绩效和解决人际关系问题，你需要了解并使用楔形模型中每个层级的最佳流程。作为项目经理，你有责任了解并使用这些流程来支持个人和团队的绩效。

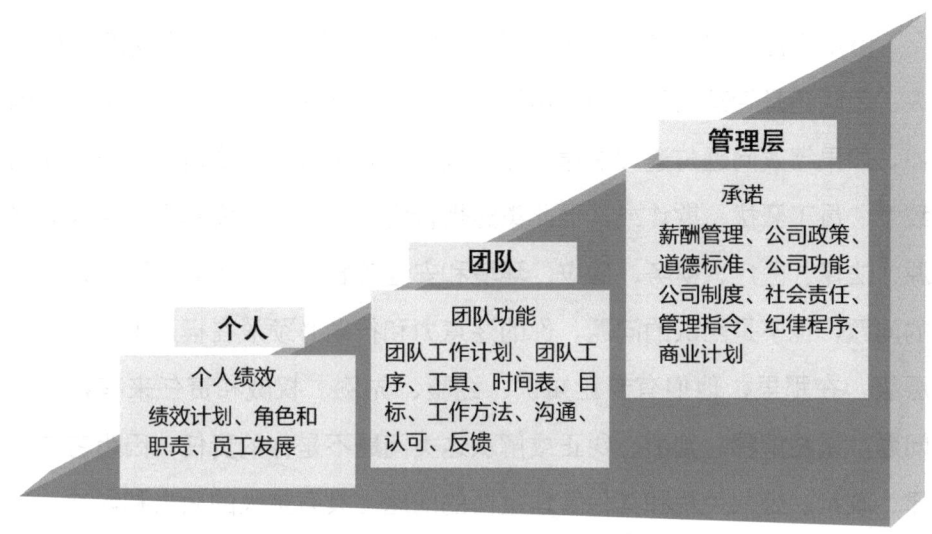

图1.5　楔形模型中的关键流程

楔形模型包含了决定员工、团队和管理层绩效的所有关键人力因素。人力因素是行为和绩效的根本动力。尽管你可能想到数百个影响绩效的因素，但只有少数几个因素最重要。我称这些关键因素为"旋钮"，可以用来调节人们的绩效，本节稍后部分将对此进行介绍。你希望用这些"旋钮"来提高和调节绩效。

最后，楔形模型是一个有用的和强大的诊断工具，以识别个人、团队和管理层的绩效问题并采取行动。要成为一个有效的问题解决者，你必须首先有能力识别具体的根本问题，否则你将浪费时间和精力，却治标不治本。更重要的是，在试图纠正员工的绩效问题时，请使用能够为你提供最佳资源、专业知识和流程的层级来解决问题。在寻求解决人际关系问题时，要始终站在能带给你最大力量和影响力的立场上行动。但如何做到呢？在楔形模型的每个层级使用最佳的杠杆因素。我将这些关键的杠杆因

The Eight Essential People Skills for Project Management

素称为杠杆,它们将在本章后面部分介绍。

诊断和纠正人际关系问题

使用楔形模型诊断和纠正人际关系问题的第一步是确定问题是由个人、团队还是管理层引起的。你要把它交给正确的干系人和权威部门。例如,如果绩效问题与遵守法律、法规或公司政策有关,像员工歧视、职场敌意、员工骚扰、欺诈或其他此类违规行为,则应立即将其提交给人力资源、法律、医疗、财务、健康、环境和安全等管理层。因为这既不是个人的问题,也不是团队的问题,你的注意力和行动必须放在楔形模型的更高层级,在那里,他们有专业知识、经验、先例、权威和责任来有效处理问题。试图解释、判断、纠正或解决这类问题不是你的责任,因为它在法律、政策、公共关系和其他管理层面的问题上具有更大的后果和影响。当然,你会参与该过程,但这并不是一个监督层面的问题。这不是对你的智力或能力的质疑,这是一个属于管理层的问题。该类型的问题需要通过楔形模型给予最大限度的关注。

示例 你团队中的一名员工向你抱怨,她无法完成工作任务,因为一名同事总是对她"大喊大叫",并发表"负面评论"。这名员工声称她在处理发票时"需要更加努力",以便那名同事能够批准付款。她感到"被吓坏了,没有动力了,压力很大",以至于她的工作产出下降了。她要求他不要再对她那么咄咄逼人,但没有用。这名同事绩效很好,但他的不耐烦情绪占了上风。

尽管你的员工希望你利用你作为团队领导者的权威来纠正同事的行为,但你的首要任务应该是确保她是安全的,并暂时限制那名同事与她的联系,直到你和你的组织对情况和指控进行了迅速调查,包括和她、其他可能的目击者,以及那名同事进行更详细的谈话。你的员工提出了可能的

第1章 如何诊断和处理人际关系问题

要求，要求你向管理层报告问题，因为该问题具有潜在的法律和政策影响（骚扰、敌对的工作环境）。根据适用的法律和公司政策，一旦你的员工报告此类事件，你可能有权向人力资源部寻求法律咨询，以确保遵守公司政策和程序。关键是，小事件可能产生重大影响，某些人的问题需要及时向楔形模型中的更高层级报告，以便你能够获得最具影响力的专业知识、经验、先例、权威和责任来帮助你解决问题。你可能觉得这不算什么，但最好认真、严肃地对待所有这些说法，让管理层来做决定。接下来将介绍诊断和纠正人际关系问题的更具体的步骤。

把问题置于适当的水平

如果绩效问题与项目团队的运作有关，如项目截止日期、违反团队基本规则、项目实施问题、团队流程或团队冲突，则应被纳入团队层面。你的团队成员都是干系人，拥有解决问题的最佳知识、技能和经验。因为问题的范围和后果会影响团队，所以你对问题的看法和行动必须由整个团队或团队的代表来考虑。

由于团队处于楔形模型的中间位置，发现许多团队问题（如资源不足）也需要个人或管理层的参与，这并不罕见。在这种情况下，首先需要对问题进行定义和分析，并在团队层面探索替代解决方案。这可能导致个人任务或项目预算的变化，这将涉及管理层。关键是要知道每个层级都有哪些技能、流程、权限和责任，然后以正确的方式处理问题。

最后，如果问题明显是个人绩效问题，如旷工、生产率低、工作质量差、工作技能不足、沟通不畅或行为不良，则需要在个人层面采取行动。在下面的内容中，我将描述楔形模型中用于诊断和纠正个人绩效问题的工具和流程，并将揭示提升个人、团队和组织绩效的关键因素（旋钮）和最佳杠杆点（杠杆）。

解决个人绩效问题

步骤1：确定问题的原因。考虑到无限的可能性，找出员工问题的根本原因听起来可能是一项艰巨的任务，但其实并没有那么难。只需将ERAM应用于问题。ERAM是期望（Expectations）、资源（Resources）、能力（Ability）和动机（Motivation）首字母的缩写，是决定员工行为和成功的四个关键因素。基本上所有的个人绩效问题都可以归因于其中一个或多个因素——每个因素都是一个调节绩效的"旋钮"，ERAM是诊断个人绩效问题根本原因的有效工具。

ERAM是诊断个人绩效问题根本原因的有效工具。

期望：员工的职责和工作分配是否明确？客户或赞助商的期望是什么？期望可能包括具体的工作任务、内容、目的、优先级、输出、质量、格式、时间和行为。员工可能需要更详细的指导和明确的工作规范或客户需求。员工和主管之间对期望的错误沟通和理解是个人绩效问题的常见原因（根本原因）。

资源：是否给予员工足够的时间、资金、设备、材料、工具、技术、信息和支持来顺利完成任务？最常见的资源问题是缺乏时间、资金和信息。确保你了解员工的总工作量，并为员工工作提供足够的时间和支持。

能力：员工是否具备成功完成任务所需的专业知识、技能和经验？能力既包括硬技能，如技术、写作和统计，也包括软技能，如建立积极的关系、领导他人和增强自信。

动机：员工是否合理地运用自己的能力成功完成任务，做出适当的承诺，付出一定的努力和精力，并表现出一定的兴趣？如果期望、资源和

第1章 如何诊断和处理人际关系问题

能力足够，那么问题就归因为动机——"我不想做""我认为这不够重要""我觉得我已经足够努力"。动机问题将在本节和其他章节中进一步讨论。

步骤2：通过自己的研究来验证绩效低下的根本原因。希望步骤1（ERAM）能够帮助你确定绩效问题的可能原因。但是，在你试图纠正之前（除非很明显），要知道最初的原因往往是不准确或不完整的。作为项目经理，请相信员工的解释，但始终要设法核实个人绩效问题的根本原因。听起来合理的借口可能会掩盖个人、团队或组织性质的更严重的问题。避免过早得出结论；在继续之前，一定要了解整体情况。没有确定根本原因可能是主管在解决员工绩效问题时最常见的错误之一。

步骤3：在验证根本原因后，对个人当前和期望的ERAM进行差距分析。无论问题是由于方向不清、时间管理不善还是缺乏动力引起的，重要的是就所期望的改变、改进和结果达成一致。展望未来，如果某个人满足你的期望，他的行为和产出会是什么样子？就任务的重要性、执行任务时所需的行为及具体的可交付成果达成明确的共识。在讨论结束后，立即让员工以书面形式确认达成共识的行为和结果——记住，写下的内容才容易被理解。

步骤4：让员工写一份行动计划，以缩小需要改进的ERAM因素的差距。根据问题的不同，这可能需要额外的一两次会议才能就行动计划和未来的具体期望达成一致。关键是让个人起草行动计划；然后，你可以提供反馈和更改建议（行动计划可以与步骤3中的书面协定相结合）。尽管有些项目经理并不觉得有必要要求一份书面计划，但你应该有文档，越多越好。未能保存有关员工绩效问题的文档是项目经理最常见的错误之一。别忘了文档中应包括明确的绩效目标和指标，以及如何评估工作成功的信息。记住，被衡量的事情才会被完成。根据绩效问题的严重性，明智的做

The Eight Essential People Skills for Project Management

法是说明达到和未达到期望的后果。

步骤5：监督个人绩效并给出反馈。设定具体日期，检查进展情况，并就个人绩效提供持续反馈。不要在行动计划完成后太久才进行你的第一次跟踪检查，及时检查以确保个人有一个良好的开端，并发出一个信号，你是认真的并关心员工的个人绩效。反馈应该包括进展顺利的事情和需要进一步改进的事情。记住，没有反馈，就没有进步。

在这一流程的所有步骤中，文档尤其重要，如果个人因绩效问题需要受到纪律处分，则文档可能至关重要。

哪个人力因素对个人绩效的影响最大？在驱动绩效的四大人力因素（ERAM）中，动机在提高个人绩效方面发挥了最大的杠杆作用。除了作为绩效的关键"旋钮"或决定因素，动机也是一个关键的杠杆，你可以用它来大大提升个人的成果。当你向员工灌输动机理念时，他们会表现出一种"想要"而不是"必须"的态度。动机是一种内驱力，它能提升你的承诺、努力、主人翁意识、毅力、抱负、主动性和活力水平。这是一个人力因素，使你能够超越预期，实现你以前从未实现的目标。

使用楔形模型的所有层级，通过应用个人激励及使用来自团队和管理层的激励来激发员工的动机。例如，如果其他团队成员也鼓励变革（同伴压力、导师反馈），从上司那里听到他们需要改进的员工会更有动力，如果他们从客户那里听到变革（客户反馈），他们也会更有动力。当个人被要求缩小绩效差距时，如果他们知道自己的绩效也会对团队和组织产生不利影响，他们会更有动力。

经验法则是，差距越大，所需的杠杆作用就越大。而且，差距越大，你需要承担的后果就越大。例如，如果员工继续旷工，你可能需要采取更高级别的行动或向人力资源部门寻求帮助。更高的管理层有更大的影响力、权力和权威来实施更强有力的纪律处分。在寻求解决人际关系问题

第1章 如何诊断和处理人际关系问题

时，要始终站在能带给你最大力量和影响力的立场上行动。第6章提供了关于如何激励特定个人行为的更完整的讨论。

 经验法则是，差距越大，所需的杠杆作用就越大。

解决团队绩效问题

最常见的团队问题包括人际冲突、错过最后期限、工作量分配不均衡、团队会议效率低下、角色和责任不明确、性格难相处、沟通不畅、缺乏信任、缺乏认可和团队产出低。虽然人类天生是社会性的，但这并不意味着每个人都能在团队中自然相处。团队合作是一项组织挑战，在这项挑战中，为了实现共同的目标，你试图将一群有着不同抱负、工作风格、性格类型和自我的不同个体聚集在一起。项目经理必须担任团队的主管、裁判、教练、导师和引导者。

团队绩效问题不同于个人绩效问题，这类问题会涉及更多的人。开始时问题可能不会涉及太多人，但问题会迅速蔓延；而且你们有密切合作的人，这使他们容易受到冲突、过度竞争、嫉妒、怨恨和其他有害行为的影响。作为项目经理，你必须保持警惕，迅速解决任何有害问题。

对于解决团队绩效问题，最初的流程类似于解决个人绩效问题——精确定位绩效问题，然后验证问题是不是团队绩效问题。一旦验证了这一点，你就可以使用以下步骤来解决问题。

确定团队绩效问题的原因。ERAM是诊断和解决个人绩效问题的最有效的工具。对于团队绩效问题，你需要使用CPB工具。CPB是内容（Content）、流程（Process）和行为（Behavior）的首字母缩写，这是驱动团队绩效的三个关键因素。基本上，所有的团队绩效问题都可以归结为

The Eight Essential People Skills for Project Management

这三个因素中的一个或多个。

内容：指团队或项目的目的、目标。当人们意见不一致时，团队绩效会受到影响。如果团队成员不负责任，有隐藏的计划（别有用心），或者对团队的目标不清楚，那么他们注定会失败。内容是团队的聚合点，当团队拥有共同目标时，伟大的事情就会发生。确保每个人都对团队的目标负责，关键是要确保每个人都与结果有利害关系。否则，他们会将项目视为"必须"完成而不是"想要"完成的项目，团队绩效可能会令人失望。

流程：指团队的计划程序、工作计划、时间表、方法和工具。流程操作内容，这意味着团队流程将计划转化为行动。流程是团队绩效中最容易被忽视和低估的因素，如果没有良好的流程，团队成员就不会表现得很好，并且会做不一致和低质量的工作。流程是所有高绩效团队的基础，是团队行为的关键驱动力。当拥有团队基本规则、日程安排、时间表、绩效指标、反馈、会议引导和其他此类团队流程时，工作效率会更高。在缺乏有效的团队流程的情况下，人们会做自己的事情，以适合自己而不是团队的方式行事。

 在缺乏有效的团队流程的情况下，人们会做自己的事情，以适合自己而不是团队的方式行事。

行为：指员工的行为和行动——他们说什么和做什么。在三个因素中，行为是团队项目成功的重要决定因素。团队行为是团队成员之间的互动，它激发了团队成员的动力和团队成员间的化学反应。一些最重要的团队行为包括相互信任、相互依赖、责任心、透明度、重视个性、学习和认可。团队成员的行为会影响团队的态度、动机和绩效。

当你发现一个团队在一起工作时，问题总是与内容、流程和行为有关。一旦确定了问题，你就可以继续与团队合作，以澄清内容、改进团队流程或激励所需的团队行为来完成工作。作为项目经理，你的职责是引导内容、流程和行为方面的改进。与指导相比，引导更受欢迎，因为它有助于确保团队保留对任何变化的所有权。

哪个人力因素对团队绩效的影响最大？在驱动团队绩效的三大人力因素（CPB）中，流程为提高团队绩效提供了最大的影响力和杠杆效力，因为流程驱动团队行为，团队行为驱动成功。流程是一个关键的杠杆，你可以用它来显著地促进团队合作，原因有三：（1）当拥有好的团队流程（如工作时间表、行动计划、工具）时，你在计划和执行工作时就会更清晰、更协作、更有效率；（2）流程使团队成员之间的互动更加紧密，从而减少情绪化冲突和其他人际关系问题；（3）流程促进了期望的行为。当谈到团队绩效时，流程是一个杠杆，为你带来三重好处。

示例 团队会议通常会持续很长时间，或者由于团队决策无效而陷入困境。这往往是由于缺乏达成协议的明确程序和方法造成的。在默认的情况下，大多数团队都会毫无疑问地使用共识作为决策手段，这通常会导致长时间的讨论和犹豫不决。如果团队能够预先通过以下方式明确定义他们的决策方法，则可以节省大量时间：（1）使用共识，但定义它的含义（共识通常意味着"你可以接受它"）；（2）为问题选择最有效的决策流程（例如，对非关键问题使用"多数原则"，并非所有问题都需要达成共识）；（3）建立明确的决策标准（例如，"我们的决策将基于最低成本和最容易的方式"）。好的决策流程驱动着良好的决策行为。

解决管理层绩效问题

尽管一切都是从顶层开始的，但组织的好坏取决于个人和团队的绩效。你已经了解到，诊断和改进个人绩效问题的关键工具是ERAM（期望、资源、能力和动机），其中，动机是提高个人绩效的最重要的杠杆因素。诊断和改进团队绩效问题的关键工具是CPB（内容、流程和行为），其中，行为是关键因素，流程是提升团队绩效的最佳杠杆工具。楔形模型的最高层级是管理层，即组织的最高管理者和执行者所在的地方。在这一层级上，组织行为和绩效问题集中在两个方面：领导力和价值观。

在这种情况下，领导力被定义为激励和鼓励个人、团队和组织获得更高绩效的能力。现有文献中有无数的领导力模型，你不可能找到一个适合所有情况的模型。这里提出的管理模型基于共同的基础，并且与团队和个人保持一致。为了获得持续的高绩效，管理层必须有能力激励员工"想要"做到最好，并激发团队行为，营造相互支持和包容的文化。这样的领导者会是什么样子的？

▲ 制定并传达清晰的愿景。

▲ 具有高标准、高品格和高道德。

▲ 定义清晰且引人注目的组织价值观。

▲ 激发卓越和高品质的表现。

▲ 以极大的谦卑、感激和仁慈来领导。

▲ 尊重和信任他人，而不是威胁和恐吓他人。

▲ 设定高目标和战略方向。

▲ 努力满足客户和干系人。

▲ 培养对他人的信心。

▲ 理想的行为模式——"言行一致"。

▲ 达成共识并果断采取行动。

▲ 作为合作者和激励者引导变革。

▲ 鼓励团队合作和积极的团队行为。

▲ 彰显个人责任感。

▲ 提供建设性反馈。

▲ 相信持续改进和学习。

▲ 授权个人和团队。

领导力是楔形模型中管理层的关键特征，正如我们有个人（ERAM）和团队（CPB）层级的绩效诊断工具一样，我们也有管理层的绩效诊断工具：MVVOS，即使命（Mission）、愿景（Vision）、价值观（Values）、目标（Objectives）和战略（Strategies）。无论是财务绩效、竞争力、市场份额、销售额还是技术，管理层的成功取决于其定义、优化、沟通、部署和执行组织的MVVOS的能力。这五个因素反映了组织的发展方向、路径和成长。组织的成功或失败取决于它们是否正确。

> 管理层的成功取决于其定义、优化、沟通、部署和执行组织的MVVOS的能力。

管理层应表现出对组织使命的坚定信念，激发长期成功的愿景，通过价值观树立正确的信念、采取正确的行为，设定明确而雄心勃勃的目标，并通过强有力的战略来执行计划和项目。MVVOS通过为管理者和项目经理提供一个平台来协调、串联和同步组织，以实现其最高优先级和目标，从而将楔形模型中各层级连接在一起。就个人绩效而言，MVVOS提供了组织的总体优先级和方向，但将员工动机和行为联系在一起的一个关键因素是价值观。价值观是组织的基本信念、原则和行为准则。

在楔形模型的最高层级上，有效的领导力不仅指建立明确的价值观，还包括将这些价值观付诸实践，从而产生最大的影响。管理层领导力要明显地践行组织的价值观，从决策、沟通、责任、优先级、战略、业务计划和资源分配到人员选择、人力资源政策和业务行为准则。这一切都取决于管理层的能力——能够以一种激励员工做更多、创造更多、超越期望的方式来塑造组织的价值观。

MVVOS如何帮助你解决人际关系问题？从项目经理的角度来看，MVVOS概念的价值在于理解领导力是你工作职责的一部分，你代表着管理层的利益和优先级，这些都体现在组织的MVVOS中。如果你对这些事情不清楚，那么你应该向自己和组织提供反馈并寻求澄清。这些知识将提高你激励自己和员工采取正确行为的能力，并为团队解决人际关系问题。而且，正如我们所了解的，动机和行为是个人和团队的两个关键绩效因素。

作为团队领导者，你的工作是确保组织的MVVOS在团队和个人层面得到解释、沟通和部署。MVVOS的元素不仅是语言描述，还是需要采取行动的命令。理想情况下，每个项目、工作计划、目标和绩效计划都应该与组织的MVVOS紧密结合。你需要帮助你的团队和员工在日常工作、团队合作和MVVOS之间建立清晰的联系，如表1.1所示。MVVOS代表了你在制订个人和团队计划、目标、流程和绩效指标方面的最强有力的权威。实现一致性为你创造了巨大的力量和影响力。

> 理想情况下，每个项目、工作计划、目标和绩效计划都应该与组织的MVVOS紧密结合。

在员工中建立一致思维的一种方法是，要求每位员工至少确定一项他将在一年中执行的行动，以促进楔形模型的每个层级的成功。例如，员工可以自愿担任公司的应急响应人员（管理层），确定跟踪团队行动事项的新软件工具（团队），并参加领导力课程以提高个人能力（个人）。

表1.1 通过楔形模型实现一致性

个人	团队	管理层
1. 员工角色 2. 个人行为 3. 个人目标 4. 工作任务/优先级 5. 个人指标 6. 个人喜好 7. 绩效计划	1. 团队目标 2. 团队价值观/行为 3. 团队策略 4. 团队目标/流程 5. 团队指标 6. 基本规则 7. 项目工作计划	1. 公司使命/愿景 2. 价值观 3. 目标 4. 战略 5. 公司指标 6. 政策 7. 商业计划书

哪个人力因素在你管理和提高组织绩效方面发挥了最大的杠杆作用？动机是驱动个人行为的杠杆，流程是驱动团队行为的杠杆，在驱动组织绩效的五个因素（MVVOS）中，价值观对组织行为和结果的影响最大（见图1.6）。

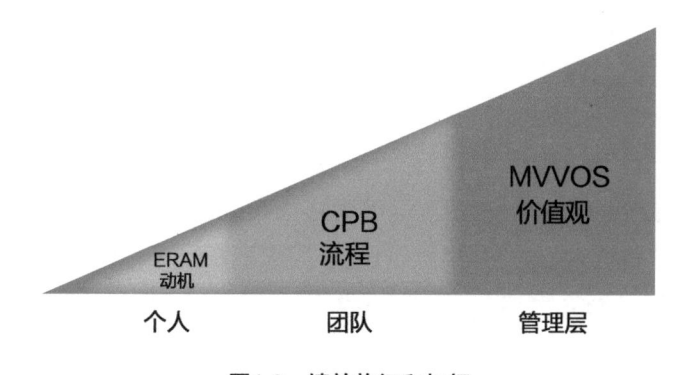

图1.6 绩效旋钮和杠杆

示例 我们可以从众多通过有效领导和组织价值观部署而大大提高其成功率的公司中吸取经验，如苹果（优质产品）、诺德斯特罗姆（客户服务）、雪佛龙（健康与安全）和西南航空（客户服务）等公司。但杠杆是双向的，当管理层部署了错误的价值观，或者正确的价值观没有被很好地执行时，公司可能会得到相反的结果，如安然（财务欺诈）、富国银行（虚假客户账户）和大众汽车（排放欺诈）等公司。此外，价值观和组织行为需要不断更新，以应对内部和外部挑战，如优步（工作文化）和英国石油公司所经历的挑战。没有一套强有力的价值观来指导管理层、团队和个人行为，你就不可能拥有一个成功的组织。

项目经理在当今组织中的作用是巨大的，被赋予的期望值也很高。管理一个项目团队可能会非常困难、令人情绪化、压力重重，但希望你对楔形模型有所了解。楔形模型中的旋钮（**ERAM**、**CPB**和**MVVOS**）和杠杆（动机、流程和价值观）能让你在主动识别和解决人际关系问题方面感到更舒服、更自信、更熟练。在每项技能的末尾，我都会提供一张记忆卡，并进行技能总结，让你快速了解项目管理中8项基本的人际关系技能的最重要的知识。

技能1记忆卡

```
楔形模型
始终站在能带给你最大力量和影响力的立场上行动
```

	个人	团队	管理层
关键角色	技能和任务	项目和流程	政策和战略
绩效调节：旋钮	E：期望 R：资源 A：能力 M：动机	C：内容 P：流程 B：行为	M：使命 V：愿景 V：价值观 O：目标 S：战略
杠杆因素：杠杆	动机驱动个人行为	流程驱动团队行为	价值观驱动组织行为

技能1总结

由于技术、管理、商业和劳动力能力的进步，组织结构不再是金字塔形的，而是楔形的。楔形模型包含三个组织层级：个人、团队和管理层。每个层级有不同的职责、权力、范围、流程和影响力。楔形模型不仅是一种组织模型，也是领导团队、管理绩效和解决人际关系问题的模型。楔形模型的每个层级都包含少量的关键绩效因素，被称为旋钮，它们决定和调节个人、团队和管理层绩效，以及特定的杠杆，可以促进个人、团队和组织的成功。解决人际关系问题的秘诀是始终站在能带给你最大力量和影响力的立场上行动。

要找到个人绩效问题的根本原因需要ERAM。ERAM代表期望、资源、能力和动机，是决定个人行为和成功的四个关键因素。基本上，所有的个人绩效问题都可以归结为四个因素中的一个或多个，它们是提高绩效的关键，而ERAM是诊断个人绩效问题根本原因的有效工具。

对于团队绩效问题，应该使用CPB工具。CPB代表内容、流程和行为这三个用于提高团队绩效的关键因素或旋钮。基本上，所有的团队绩效问题都可以归结为这三个因素中的一个或多个。

提高管理层绩效的关键因素或旋钮是MVVOS，MVVOS代表使命、愿景、价值观、目标和战略。无论是财务绩效、竞争力、市场份额、销售额还是技术，管理层的成功都取决于其领导力，以及定义、优化、沟通、部署和执行组织MVVOS的能力。

在每个层级的绩效因素中，提升个人、团队和管理层绩效的关键杠杆分别是动机、流程和价值观。动机是保持积极、高效和协作的态度。流程驱动团队行为，而行为是团队成功的关键因素。最后，价值观是组织的核心信念，所有职场行动都应该以价值观为基础。

将楔形模型应用于解决问题的层级越多，你就越有可能提高绩效，并从最有利的位置开始运作。要取得持续的成功，各层级必须共同努力，在战略上保持一致，相互负责，相互依赖。在个人层级起作用的，也必须在团队和管理层级起作用。楔形模型是一种有效的模型和工具，可以帮助我们利用个人的力量和能力来解决问题，为组织的成功做出更大的贡献。

第2章

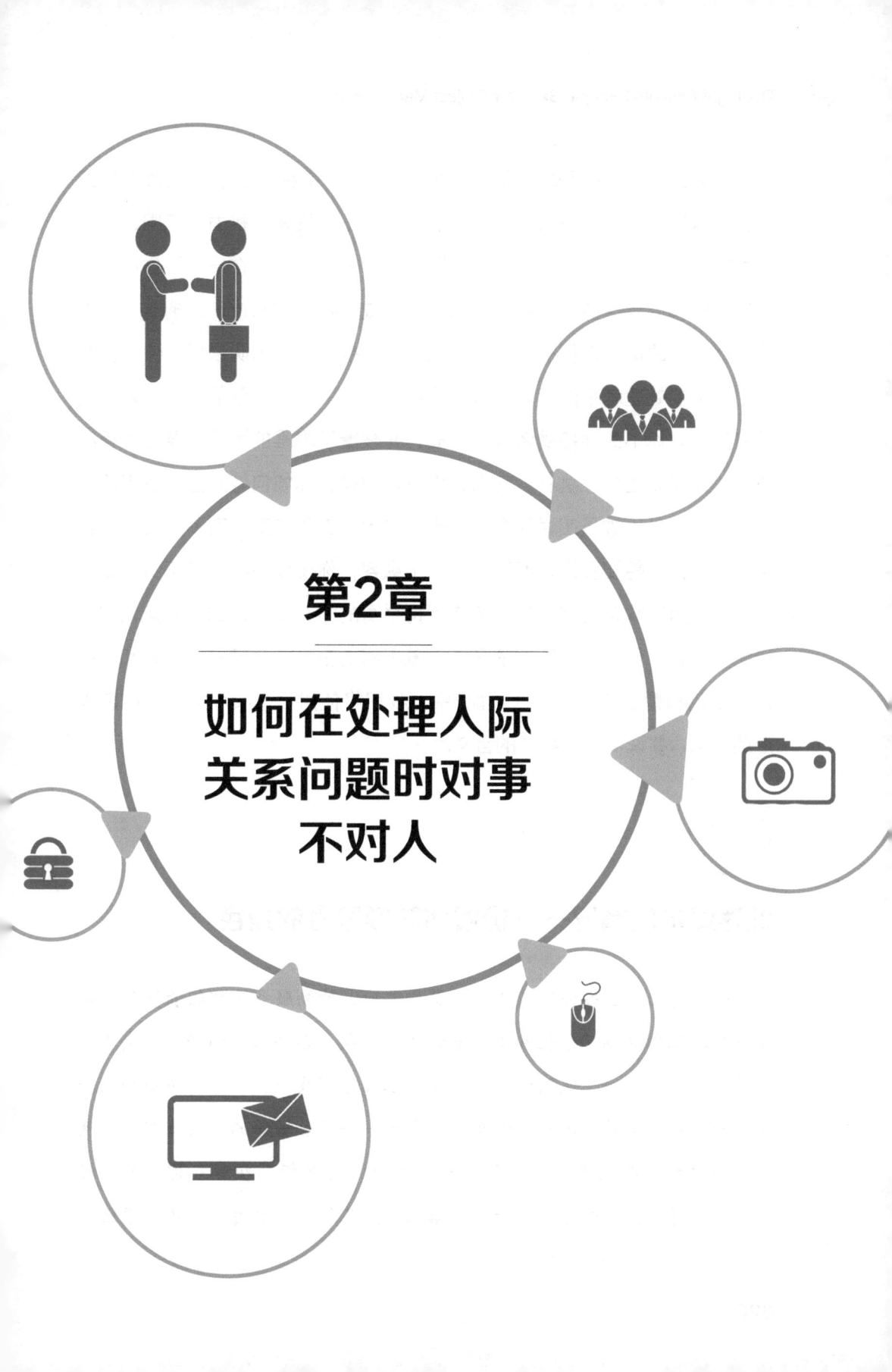

如何在处理人际关系问题时对事不对人

在第1章中，我提及，项目经理现在在一个更横向的、三层级的组织结构中运作，这个组织结构的形状像一个楔子，反映了权力、范围、责任和影响力的相对分布。但是，作为团队领导者，你如何在日常工作中面对面地执行和运用这些原则呢？凭借你的权威、权力和职位，你拥有一批向你汇报工作的员工，你需要利用你的权力和权威完成团队项目。作为负责人，你需要处理棘手的问题，做出艰难的决定，执行艰巨的任务，以达成项目目标。你不断地接受考验、挑战，并被置于艰难的境地。要想生存和成功，你需要坚强、执着、有力和果断，但是，你如何做到这一点而不会专制、严厉且不被员工讨厌呢？你想要得到员工的尊重，而不是员工对你感到惧怕；你想要灵活，而不是对员工纵容；你想要领导，而不是控制。但是，作为团队领导者，你如何在保持平衡的同时履行你的组织角色和职责呢？你在工作中扮演不同的角色，戴不同的帽子，关键是要理解和掌握这些角色和帽子的含义。在技能2中，我们将使用三个实际案例来构建楔形的概念，并说明三项帽子的含义。

案例 2.1

处理艰难的情况——扮演团队领导者的角色

一天晚上，在办公室工作了一整天之后，外勤服务小组组长罗伯特迅速地把笔记本电脑、手机和工作资料装进背包，朝公司后面停车场走去。那是12月一个寒冷、黑暗的夜晚，大雾已经穿透夜空，笼罩在公司周围。罗伯特开着公司的卡车驶出停车场，来到一条狭长蜿蜒的双向道路上，两旁的路灯和一些反光镜照亮了道路。路边没有路标，在雾气弥漫的情况下，他不得不凭记忆导航到出口。路上有点儿结冰，也有雪，不太危险，不需要轮胎链，但他必须小心驾驶。

当罗伯特进入道路的第二个转弯处时，他的车灯照亮了一辆停在路边的汽车。很明显，这辆车被卡在了一个浅涵洞里，没有任何迹象表明这辆车正在行驶。罗伯特认为最好停下来看看是否有人需要帮助，或者确认一下这辆车是不是被遗弃了，因为它是公司的财产。当罗伯特走近汽车时，驾驶室的门开了，有人开始下车。下车的是托马斯，这让罗伯特松了一口气，他是一位主管和机械师，在这家公司工作了二十多年。许多年前，在罗伯特被调到这家公司之前，他在丹佛的一个项目上遇到了托马斯。托马斯是一位杰出的机械师，他教了罗伯特很多有关城市许可和规章制度的知识。罗伯特对托马斯评价很高，他们在工作中相处得很好，偶尔在社区活动中见面。罗伯特走近汽车时，托马斯一边嚼着口香糖一边微笑着说："我很高兴是你，罗伯特，我还以为是那些愚蠢的安全人员。"罗伯特回答说："不，我只是你的一个愚蠢的经理。"他们闲聊了几句，罗伯特问："那么，你的车停在渣土上做什么？"托马斯很快地回答："今晚天黑还有雾；我通常开车比较慢，但我今天急着回家，结果车子滑出了公路。我无能为力。我想可能是车轧在了一块冰上，好在没有损坏。我想打电话叫拖车公司来把车拖出来，但我很高兴你带着卡车和绞盘来了。你有时间把我的车拖出来吗？应该不需要花多少时间。"托马斯说得对，那是一个寒冷多雾的夜晚，两人急于回家。

托马斯看着罗伯特的卡车，罗伯特转过身来对着托马斯说："通常情况下，我很乐意把你的车拖出来，但你知道，公司的规定是，当事故发生在公司的办公场所时，需要报告这些事故。"托马斯疑惑了一下，回答说："当然，这不是问题。我一到家，就会登录公司的网站，填写一份完整的报告，我也会抄送给你。"听起来不错，但罗伯特回答说："我很欣赏你这一点，托马斯，但除非有危险，否则不要移动车辆。我要告诉你的是，我会带你回办公室，让保安帮你填写报告，他们会带你去街对面的诊所，确保你没事。"

罗伯特还没来得及描述完整个过程，托马斯就评论道："嘿，听着，罗伯特，时间不早了，你是个大忙人，我相信你今晚有比陪我跑来跑去更重要的事情要做。我保证我会报告的；我想公司会满意的。很多这类事情都没有被报告，所以我认为我们在例行报告这方面已走在了前面。"罗伯特回应道："我没有什么急着要做的事。如果我不留下来确保程序得到遵守，那就是我失职了。"托马斯再次打断他说："我明白这是你的责任，但你先把我的车拖出来怎么样，我开车去保安处，做文书工作和其他事情，你就可以回家了。"

罗伯特保持沉默，看上去很担心。托马斯打破沉默，说："看，这里没有发生什么事；那是我的私家车，不是公司的车，所以我们没事。但如果你有任何抱怨，我怀疑你会抱怨，就责怪我吧。嘿，朋友是干什么用的？"让托马斯恼火的是，罗伯特说："我喜欢你，托马斯，我只是想确保我们做对我们双方都好的事，不如让我开车送你，确认你没事，我们两个马上就回家。"托马斯此时又试了一次，说："如果我不了解你，我会认为你不信任我。"罗伯特平静地回答说："我信任你，这就是为什么你会信任我，让我帮你做这件事。"最后，托马斯放弃了，说："好吧，我去，但我能先拿我的夹克吗？""当然。"罗伯特说。

托马斯在车里翻找了几分钟，拿起水瓶喝了几口水并穿上夹克，罗伯特开车把他送到保安办公室，在那里他们填写了一份报告，然后填写了一份转诊单，以便诊所可以接待他。在开车把托马斯送到办公室后，罗伯特与高级安全人员讨论了公司的程序，以及他在这件事上给予高级安全人员的权力，他留下了自己的手机号码，以便高级安全人员随时通知他。然后罗伯特在事故报告和转诊单上签字，并告诉托马斯："谢谢你这么做，托马斯；这是正确的做法。你在这里很好。他们现在要带你去诊所，明天见。我对你的不幸感到抱歉。保重！"

那天晚上晚些时候，罗伯特在家里接到了高级安全人员的电话，他告诉罗伯特，托马斯在诊所接受了毒品和酒精测试，他的血液酒精浓度为120mg/100ml，远高于法定限值。他们叫了辆出租车送他回家，他们会为他的车安排拖车。罗伯特对高级安全人员的帮助表示感谢。第二天早上，当罗伯特回到工作岗位时，他要求保安陪同他到托马斯的办公室。没过多久，他们就在他的办公桌下发现了两个没有标记的银色瓶子，一个是空的，另一个装着半瓶酒。这显然违反了公司的政策，托马斯那天的行为已经危及了自己和他人的安全。罗伯特对托马斯表示同情并表达了关心，他很快就联系上了托马斯并提供了帮助。听到托马斯安然无恙，并愿意通过公司的程序来解决这件事，他松了一口气。罗伯特也对自己如何处理整个事件感到欣慰。

故事的教训

幸运的是，团队领导者罗伯特坚持遵守公司的程序，并没有对托马斯让他不要报告事故的建议做出让步。如果他把托马斯的车从涵洞里拖出来，让他开车回家，谁知道那天晚上或后来会发生什么呢。这个故事和团队领导者与员工的许多遭遇没什么不同。你们在一起工作，你们有很好的工作关系，甚至有很好的友谊，但这些关系总是在压力来临时受到考验，你会站在公司的一边还是站在员工的一边？有时候你不可能做到两全其美。你的忠诚在哪里？你的同理心在哪里？你可能一次就失去了员工的信任。对于一次小小的违规或一个小事件，一个糟糕的管理决策会迅速降低团队士气和团队绩效。如果托马斯的毒品和酒精检测结果呈阴性呢？罗伯特的决定还是正确的吗？

罗伯特不得不当场做出决定。这些决定从来都不是黑白分明的，然而在朋友关系的压力下，事情很容易被搪塞过去。每个经理都必须做出艰难的决定，你很容易怀疑自己。知道什么时候温和、什么时候强硬，总是很困难的。你怎么平衡？这个故事本身并没有正确的答案，但它阐释了关于你作为团队领导者所扮演角色的8个重要概念。

> 知道什么时候温和、什么时候强硬，总是很困难的。

团队领导者的三顶帽子

团队领导者需要戴很多顶帽子，这意味着他们在工作中有许多不同的角色和职责。

作为团队领导者，你戴着三顶主要的帽子：管理者、主管和团队成员，如图2.1所示。每顶帽子都代表着不同级别的权力、权威、责任和控制。权力是你对他人的影响程度；权威是你所代表的组织的级别；责任是你的一系列职责和义务；控制是定义、指导和执行流程的程度。你在处理人际关系问题时态度坚决而不对人强硬的技巧取决于你平衡和执行这三种角色的能力。

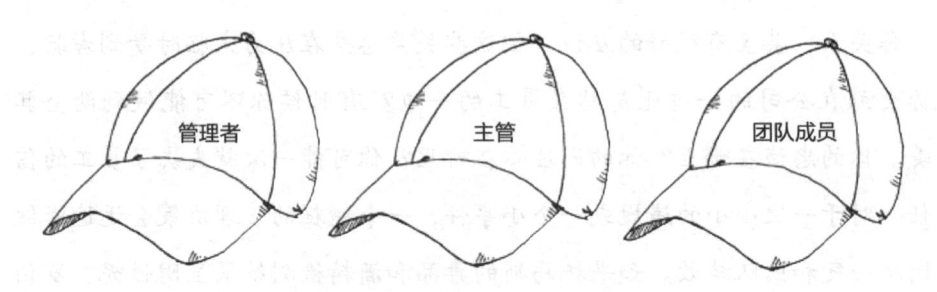

图2.1　团队领导者的三顶帽子

戴上能给你最大力量和影响力来解决问题的帽子

请记住，每顶帽子都代表着不同的权力、权威、责任和控制，并具有不同的视角，关键是根据具体情况戴合适的帽子。这意味着戴上最适合解决问题的帽子，让自己处于最有利的位置，从而有效地解决问题。

▲ 当你戴上管理者的帽子时，你有权代表和管理公司的政策、标准、程序和战略。你控制战略的部署和实施，并负责员工合规性、人事管理、工作绩效、报告和预算控制。你制订目标、策略和工作计划以满足组织的需要。你有一个广泛的、外部的、长期的、战略性的、组织性的运作视角。

▲ 当你戴上主管的帽子时，你有权指挥和控制流程的部署，以及如何按照管理层的计划、战略、目标、政策和优先级开展工作。你有责任确保团队的工作能够高效、安全地完成，员工能够胜任工作，员工绩效符合预期，客户对团队的工作感到满意。你有一个更专注的、内部的、短期的、战术的、团队的运作视角。

▲ 当你戴上团队成员的帽子时，你有权执行和控制你的个人工作任务，并有责任展示你所期望的团队合作和伙伴关系行为，包括相互信任、尊重、协作、沟通、学习和支持，以及关心和关注。你有一个友好、尊重他人和人际关系的视角。

有勇气戴上强硬的帽子

团队领导者最常见的错误之一是没有勇气在形势需要时戴上更严厉的管理者或主管的帽子。这是因为害怕表现得过于强硬，从而危及你与员工的良好关系。记住，你的管理者和主管的帽子是用来帮助而不是惩罚你的员工的，以此来避免这种心理陷阱。

在案例所描述的事故中，托马斯首先测试他的主管罗伯特是否会戴上他的团队队员的帽子，帮他把车从涵洞里拖出来。托马斯在与团队成员相处时有更大的影响力（权力），而罗伯特戴着他的主管或管理者的帽子时影响力较小。托马斯意识到罗伯特戴着他的管理者的帽子，因为罗伯特说："公司的规定是，当事故发生在公司的办公场所时，需要报告这些事故。"托马斯试图让罗伯特用他的主管帽子（流程控制）代替他的管理者帽子（公司政策），他说："当然，这不是问题。我一到家，就会登录公司的网站，填写一份完整的报告，我也会抄送给你。"托马斯希望罗伯特能利用自己作为主管的自由裁量权，把流程的控制权交给他。

尝试失败后，托马斯意识到罗伯特坚持遵守公司的程序，并保持他的管理者帽子，所以他试图说服罗伯特至少换上他的主管帽子，承认他的流程义务："我明白这是你的责任，但你先把我的车拖出来怎么样，我开车去保安处，做文书工作和其他事情，你就可以回家了。"托马斯甚至试图让罗伯特把他的管理者帽子和主管帽子交给他（分别是政策解释和流程责任），戴上他的团队成员帽子，他说："看，这里没有发生什么事；那是我的私家车，不是公司的车，所以我们没事。但如果你有任何抱怨，我怀疑你会抱怨，就怪我吧。嘿，朋友是干什么用的？"但是，罗伯特坚定地戴着他的管理者帽子，同时对托马斯保持友好和关心，他说："我喜欢你，托马斯，我只是想确保我们做对我们双方都好的事，不如让我开车送你，确认你没事，我们两个马上就回家。"

最后，托马斯对罗伯特做了逆向心理测试，他说："如果我不了解你，我会认为你不信任我。"这是托马斯最后一次试图唤起罗伯特的友谊（团队成员帽子）。罗伯特保持冷静，附和托马斯的策略，说："我信任你，所以你会信任我，让我帮你做这件事。"没有其他选择，托马斯只好答应了，但在离开卡车之前，他试图通过拿夹克和喝水来争取更多的时间，以降低血液中的酒精含量。但无论如何他还是被抓住了。托马斯显然希望罗伯特戴上他的团队成员帽子，在公司规定上做些让步。罗伯特做得很好，他不怕戴上管理者的帽子去帮助而不是惩罚员工。值得注意的是，罗伯特在执行公司程序方面的坚持可能挽救了托马斯和其他人的生命。

> 罗伯特在执行公司程序方面的坚持可能挽救了托马斯和其他人的生命。

避免放弃对管理和政策问题的控制

在罗伯特的故事中，由于事件与公司政策有关，作为团队领导者，他不应该将权力和权威交给员工，让他们自行解释、自行管理和自我执行公司政策，而不管他们之间的关系如何。托马斯至少几次试图说服罗伯特放弃他的权力（管理者的帽子）：

▲ "我保证我会报告的；我想公司会满意的。很多这类事情都没有被报告，所以我认为我们在例行报告这方面已走在了前面。"（行政和执法）

▲ "看，这里没有发生什么事；那是我的私家车，不是公司的车，所以我们没事。"（政策解释）

此外，托马斯试图承担罗伯特对这一流程的控制和责任（主管的帽子）：

▲ "我一到家，就会登录公司的网站，填写一份完整的报告，我也会抄送给你。"

▲ "我明白这是你的责任，但你先把我的车拖出来怎么样，我开车去保安处，做文书工作和其他事情，你就可以回家了。"

罗伯特保持了对流程的控制，并利用自己的自由裁量权将控制权委托给了一名高级安全人员，该高级安全人员可能更适合护送托马斯安全到诊所和家。同时，罗伯特在整个过程中保持着权威（指导正式的行动）和职位权力（使他能够推翻托马斯的建议）。在这种情况下，罗伯特拥有内在的力量，正确地管理他的权力、权威、责任和控制水平。

在工作中要友好，但不是成为朋友

罗伯特和托马斯很早以前就认识了，在工作之余可能是朋友。但说到工作，团队领导者不能对员工表现出偏袒或偏见。你想成为一名优秀的主管和团队成员——友好、礼貌、支持和尊重他人、有尊严，并鼓励所有员工。但是友好不等于成为朋友。友好是一种行为；友谊是一种关系。朋友们一起出去玩、社交、分享秘密、互相帮助、互相保护。既是下属的朋友又是下属的上司，这是一种非常尴尬和难以处理的关系。即使在特殊情况下，如在家族企业中，你的行为也需要明确。在工作中，主管与员工的友好伙伴关系比朋友关系更有效。

> 友好是一种行为；友谊是一种关系。

另外，你不能对一些人友好和宽容，对另一些人严厉，这是不一致的，可能是歧视性的。每个人都必须看到你戴着同一顶主管帽，采取同样的方式，而不是面对不同的员工戴不同的帽子。这并不意味着你对每个人都一视同仁；这意味着你要为所有人做出公平的决定。你戴帽子的方式要一致。

你希望员工尊重你，而不是喜欢你

知道如何在友好和友谊之间划清界限并不容易，这也是团队领导者的共同奋斗目标。想让别人喜欢你是人的天性，这是所有团队领导者的虚荣心。让我们面对现实：领导那些喜欢你、信任你、把你当朋友的员工要容易得多——这种友情让人感觉很好，你们就像一家人。和你的同事有如此亲密的关系很好，但你的公司不是家庭、兄弟会或俱乐部，而是企业。关键是不要混淆你对尊重的需要和你对社会认可的需要。寻求社会认可会让你走上一条危险的道路，你做事会更"宽容"，徇私舞弊，接受较低的标准，容忍不良行为。记住，你是领导者，不是伙伴。

> 关键是不要混淆你对尊重的需要和你对社会认可的需要。

对执行政策和标准严苛，而不是对人严苛

不管在什么情况下，对所有员工表现出关心、同情和尊重都是很重要的。对别人敏感并不会降低你作为团队领导者的效率。关键是要严格执行政策和标准，而不是对人强硬。换言之，你希望在遵守法律、法规、公司政策、标准和程序方面严苛，但不希望对人严苛。正如你在罗伯特的故事中看到的那样，你可以对人友好并表达关心，但在公司政策和程序方面，你需要分别戴上管理者和主管的帽子。

同理心将你与他人联系在一起

像所有有效的领导者一样，罗伯特有能力表达自己的感受（情感）和理解托马斯的感受（同理心）。拥有表达情感的能力不是弱点，而是优点。这意味着你能够通过情感而不仅仅是语言来表达你的感受和动机。你与他人的绝大多数交流都是非语言的，你表达自己情感和动机的能力在领导他人方面非常重要。透明度有助于建立信任、增强信心和提高忠诚度。

与透明度同样重要的是同理心。当你了解员工的感受时，你就能更深

入地了解他们的担忧。你需要同理心来了解你的员工是谁以及他们真正想要什么。你不能装模作样。当你表达自己的真情实感时，员工会投桃报李。当这种情况发生时，相互信任和交流就会激增。除非你对人敏感且有同理心，否则你不可能成为一个好的人力资源经理。

总结

最后，罗伯特在正确的时间，以正确的方式，出于正确的理由，在处理这种情况时戴上了正确的帽子，如图2.2所示。

图2.2　团队领导者的角色和职责

▲ **管理者的帽子**。罗伯特负责管理、执行和遵守公司有关车辆事故和员工健康与安全的政策和程序。管理者专注于做正确的事。

▲ **主管的帽子**。托马斯的车祸不是一个明确的案件，但罗伯特正确地遵循了公司的程序，在遵守公司程序方面保持了他的权力和责任。主管专注于如何把事做好。

▲ **团队成员的帽子**。罗伯特对托马斯表达关心（行为），更重要的是，他可能救了托马斯的命。对罗伯特来说，戴上更柔软的团队成员的帽子可能更舒服，但在这种情况下，他意识到自己需要清楚地表明自己戴着管理者的帽子。在良好的伙伴关系中，团队成员注重以正确的方式行事，并相互关心和支持。

罗伯特在深夜遭遇的事情是一个很好的例子，说明了如何平衡三项帽子，并清楚地为这种情况戴上了合适的帽子。现在让我们来研究第二个例子，在这个例子中，帽子可能不那么清晰。

案例 2.2

很难放手——把责任委派给他人

托尼是一个建筑项目团队负责人。团队由托尼和其他九名成员组成，包括格雷格和瓦尔。平均而言，他们一次处理2~4个项目，工作节奏可能非常快和紧张。今天，托尼的工作组开会审查他们最大项目的进展。由于客户的设计变更，他们不得不决定修改他们的工作计划、预算和时间表。会议进行得很顺利，团队能够就达成所需的更改，每个人都对新的时间表感到满意。议程上的最后一项是向他们的客户发送一封关于预算变化和新时间表的电子邮件。下面是谈话的过程。

托尼（团队负责人）：我们需要给我们的客户写一封电子邮件，根据他们的需求告知我们的变化，并向他们提供新预算和时间表的明细。我通常会自己做这件事，但接下来几天我会忙于会议，我需要有人来完成。有人自愿接受这个任务吗？

格雷格：我愿意试一试。什么时候要？

托尼：从今天起两天之内，也就是最晚星期四发给我。

格雷格：可以，但我可能需要一些帮助。

瓦尔：如果你需要，我可以帮忙。

格雷格：我明天起草并发给你怎么样，瓦尔，你有空审核一下吗？

瓦尔：可以。你什么时候发给我？

格雷格：可能就在午饭后。

托尼：很好，那就定下来了——格雷格起草，瓦尔审核，格雷格会在周四中午前发给我，让我审核和发布。

格雷格起草了电子邮件并附上所有必要的附件，将其发送给瓦尔，瓦尔对内容做了一些修改和补充。格雷格收到瓦尔的修改，最后确认后将其转发给托尼。托尼又做了一些修改，并按时发送给他们的客户，还抄送给团队中的每个人。瓦尔阅读了邮件，但无法相信她所看到的，所以她去见格雷格。

瓦尔：嘿，格雷格，我能和你谈谈吗？

格雷格：当然，怎么了？

瓦尔：嗯，是关于你准备的客户电子邮件。

格雷格：有什么问题吗？

瓦尔：是的！我昨天花了一小时审核了你的邮件草稿，并提供了许多很好的修改意见，但你没有将我的修改意见都包含进去。我以为我们在合作。我觉得完全被冷落了。

格雷格：怎么会这样？

瓦尔：首先，你遗漏了我关于如何加快时间表以节省成本的建议。

格雷格：我不认为客户需要看到这些。

瓦尔：这一点很重要，我想向我们的客户表明，我们关心成本控制。你为什么不跟我说？

格雷格：对不起，我们没有时间。我确认后就转发给了托尼。我没有群发邮件，是托尼发的，所以如果你有问题，你应该和他谈，而不是我。

瓦尔：好吧，现在已经太晚了，邮件已经发出去了。不管怎样，从现在开始，我将不再审核草稿，这就是在浪费时间。既然你不打算采纳我的建议，为什么还要征求反馈呢？

故事的教训

瓦尔显然对结果不满意,而格雷格把问题转移到了托尼身上;与此同时,托尼认为格雷格和瓦尔之间一切都很好。一项日常工作怎么会变成两个同事之间的冲突呢?瓦尔的不满是谁的错?这个故事说明了关于楔形模型和三顶帽子的三个关键概念。

使用楔形模型诊断团队的问题——内容、流程和行为

起草发送给客户的邮件,源于托尼、格雷格和瓦尔的团队努力。正如我们在技能1中学到的,团队绩效由三个旋钮决定:内容、流程和行为(CPB)。在本案例中,哪个旋钮是最关键的?

很明显,这个流程本可以更好。例如,格雷格可以和瓦尔会面,一起做些更改,或者格雷格可以给瓦尔一个提示,说自己时间不够,感谢她的建议,稍后再给她回复。然而,这个故事更多的是关注行为而不是流程,例如,托尼、格雷格和瓦尔之间是否存在相互信任、尊重、沟通和责任感?他们是一起工作还是分开工作?工作完成了,这是一项常规任务,但格雷格在与瓦尔的互动中没有表现出良好的合作、沟通或尊重。更重要的是,这种冲突对瓦尔之于格雷格的态度及她今后与他人的合作产生了负面影响。在这种情况下,事后的团队反馈流程可能有所帮助,但托尼可能永远不会知道格雷格和瓦尔之间发生了什么,也不会意识到随之而来的不良情绪。这些类型的团队问题及其解决方法将在技能3和技能5中进行更深入的讨论。

你的帽子(权力、权威和控制)影响员工的行为

团队负责人托尼把每件事都做对了吗?他是否可以做一些防止问题发生的事情?尽管托尼把工作委派给了格雷格,但托尼并没有明确说明格雷

格和瓦尔各有什么权力。托尼有没有说清楚格雷格和瓦尔是平等的（团队成员的帽子），还是格雷格代表托尼（主管的帽子）控制内容和流程，瓦尔只是提供输入？员工的行为通过你所授予的权力、权威和控制受到影响。格雷格认为托尼把任务委派给了他，授权他控制流程，同时给了他在邮件内容上对瓦尔的权力和权威（代表托尼处理邮件内容），而瓦尔显然认为他们是平等的，格雷格没有权利驳回她的建议。如果托尼澄清了他授权给格雷格管理团队行为的权力、权威和控制水平的级别，这场冲突本可以避免。如果托尼在会上说："瓦尔，谢谢你同意帮助格雷格审核草稿。由于时间的限制，让我们明确一点，格雷格有权按他认为合适的方式撰写草稿。我需要任务能很快完成，所以我希望我们能够信任彼此的角色（格雷格代表他的主管角色提供服务，并感谢瓦尔的帮助，瓦尔理解她作为团队成员的角色并提供建议）。"那么这个故事的结局就会有所不同。

> 员工的行为通过你所授予的权力、权威和控制受到影响。

不要抢帽子：通过授予权力、权威和控制来建立信任

在案例2.1中，罗伯特必须牢牢戴好管理者和主管的帽子，以便在管理和执行公司政策时保持向上的权力、权威和控制。但是，当团队领导者向下委派任务时，就像案例2.2中托尼和格雷格一样，团队领导者倾向于不放弃他们的帽子。项目经理倾向于保持沉默，不愿意下放权力以便保持控制。他们希望别人来做这项工作，但他们希望保留权力、权威和控制，并高举帽子。当你不愿意下放权力时，你不仅造成可能的混乱，而且促进产生错误的行为——控制、恐惧和不信任。项目经理很难放手，并且难以相信别人会把事情做好。然而，当员工觉得自己有能力、重要和受信任时，

他们会尽最大努力工作。这将导致积极和富有成效的团队行为。作为项目经理，你应该把监督任务和责任交给其他人，但重要的是下放权力。托尼可以放手说"瓦尔，谢谢你同意帮助格雷格审核草稿。让我们明确一点，格雷格有权按他认为合适的方式撰写草稿，并代表我发送邮件。我完全信任格雷格，我知道你们也会信任并尊重彼此的角色"，而不是说"给我发邮件……由我来审核和发送"。当托尼以信任的态度行事时，其他人可能会效仿，瓦尔会信任格雷格选择正确的修改建议。记住，信任产生信任。你会发现，当人们感到被信任时，他们会做正确的事情。

总结

这两个案例很好地说明了本章的技能主题：在处理人际关系问题上态度坚决，而不是对人强硬。在车祸案例中，罗伯特证实了当遇到一个高层级的问题，如关于政策、程序、标准或法规的问题时，团队领导者希望戴上主管和管理者的帽子（处理人际关系问题态度要坚决）。在托尼和格雷格的案例中，我们了解到，当向下委派工作时，团队领导者希望摘下管理者和主管的帽子，表现出良好的伙伴关系（团队成员的帽子），信任他人（不对人强硬），以避免出现人际关系问题（瓦尔的怨恨和格雷格的冷漠）。

作为团队领导者，你的权力、权威和控制会影响团队的行为。在下一个案例中，我们将看到你的主管或管理者的帽子的权力、权威和控制如何对你作为团队领导者的行为产生深远影响。

案例 2.3

成为一个坚强的领导者——展现真正的领导力

谈到工作表现，琼是加利福尼亚州硅谷附近一家规模庞大的医疗服务公司中最好的实验室技术人员之一。琼只用了五年时间就实现晋升，获得了公司实验室服务团队领导者的头衔。她的团队轮班工作，有15名员工。大约一年前，琼取代了前任团队领导者伊莱恩，一个在这家公司工作了20年的"老兵"，后被晋升为业务规划经理。伊莱恩基于琼作为技术专家的高绩效、才干和献身精神，精心挑选了琼作为她的替代者。她相信琼会成为一名优秀的团队领导者。

在新岗位上工作了11个月后，琼在领导团队方面举步维艰。一开始，事情进展顺利，但她与团队的互动和沟通很快变得更加紧张，她之前享受的合作和友情不再发生在她身上。起初，她并没有想太多，因为她认为她的团队需要一些时间来适应她的新角色。但很明显，团队士气低落，团队表现不如她所希望的。琼与某些员工在工作安排、个人工作分配和加班时间方面存在一些分歧。而且，团队会议变得更加被动且时间一再缩短，员工参与性降低。在多次试图恢复团队的活力和生产力之后，琼感到沮丧和愤怒。琼认为是时候寻求伊莱恩的帮助了。她认为伊莱恩在团队中的经历会给她提供关于自己还能做些什么的见解。

琼约好去见伊莱恩，他们在伊莱恩的办公室见了面。伊莱恩的办公室在主办公楼里，与实验室分开。伊莱恩很高兴再次见到琼，并想看看她作为团队领导者的表现如何。

伊莱恩：到目前为止，你觉得你的新工作怎么样？

琼：一切都很顺利。我喜欢我的工作。我热爱我所有的工作。

伊莱恩：很高兴听到你这么说。我就知道你会做得很好。你一直都很努力，而且对公司的运作了如指掌。你和你的团队相处得怎么样？从同事到团队领导者的转变可能很艰难。

琼（看起来有点儿担心）：团队运作良好，但工作越来越繁重，有两名技术人员离开了。所以我一直在敦促大家加快速度，但没有奏效。但我知道这很正常，因为员工有时会偷懒，不想努力工作。

伊莱恩很困惑。这听起来不像她以前认识的琼。

伊莱恩：离开实验室的那两个人是谁？

琼：威尔逊和琳达几个月前离开了团队。他们在镇上的新医院找到了新工作。我一点儿也不惊讶，因为他们在这里不开心。

伊莱恩很惊讶威尔逊和琳达走了。他们都是年轻能干的技术人员，似乎很喜欢他们的工作。

伊莱恩：他们为什么不开心？

琼：我想威尔逊是生气了，我没有在最后一分钟批准他的休假，因为我们的人手不足，我负担不起延迟交付。我想琳达离开是因为她嫉妒我得到了这个职位，她不喜欢我分配给她的工作。你看，我建立了一个体系，每个人都受到平等对待，每个人都做他应得的那部分繁重的工作，我制定了规则来提高效率加强团队合作。

伊莱恩：什么规则？

琼：嗯，我对休息时间、提前休假请求、样品处理时间、每天的启动会议保持在10分钟以内、实验室里禁止社交活动都有具体的规定。这确实能帮助员工把注意力集中在工作上。

伊莱恩：他们对此满意吗？

琼（用一种正派的语气说）：一开始他们有所抵触，但我告诉他们这是管理层想要的，我们需要做管理层希望我们做的事情。

伊莱恩：管理层想要这些规则？

琼：是的，经理说我们需要削减成本，提高生产率。我的规则能够避免浪费时间和创造更多的工作时间。我的工作是满足管理层的要求。

伊莱恩：那我能帮你什么忙，琼？

琼：我觉得我不太适合这个团队，你一直都很受他们的尊敬，他们都听你的。我想他们对我的看法不一样。他们不听我的。所以我觉得我最好还是少跟他们接触，避免陷入冲突（泪水涌入她的眼眶）。我怎样才能变得更坚强，让他们为我工作？

伊莱恩：当团队领导者很难，所以不要对自己太苛刻。你是一个好人，你今天出现在这里表明你关心你的团队，这很重要。当我在第一份工作中第一次成为主管的时候，我也以同样的方式挣扎过。你想知道我学到了什么对我帮助很大吗？

琼（点头）：是的，请说。

伊莱恩：要成为一个有效的领导者，你必须做你自己。你不能表现得很强硬——那不是你的本来面目。例如，当你是一名技术人员时，你总是支持在工作中有更多的灵活性，你想要的是更少的规则，而不是更多的规则。

琼：经理说他认为团队可以更有效率，并提醒我不要让别人利用我，因为我以前是他们同事，等等。所以我想我必须表现出我是团队领导者，而不能让他们认为我是一个容易受人摆布的人。我制定了一些明确的规则，以表明我是公平的，并且能够创造更多的工作时间，但它不起作用。

伊莱恩：天哪，琼，当你还是技术人员的时候，你不讨厌死板的规则吗？你看，当我们对所有人都一视同仁时，我们就变得不公平了。每个人都是独一无二的；你和我是不同的，我们被不同的事情所激励和打击。你知道吗，威尔逊也许真的很想在那次休假的时候和正在经历困难时期的家人见面？有规则是好的，但不要扼杀沟通、信任、同情、关心和关怀他人。我一直认为那是你的长处。

琼：谢谢你，但我觉得作为团队领导者表现出情绪会让我看起来很软弱。

伊莱恩：向别人展示你是谁，保持透明，欢迎他们的意见，保持灵活性是团队领导者的核心特质。如果你不做你自己，那么员工就看不到你是从哪里来的，他们就失去了对你作为领导者的信任和信心。信任和真诚让你获得生产力和绩效，而不是规则和控制。

琼：所以规则破坏了信任。

伊莱恩：嗯，不是所有的规则，而是让员工失去动力或受到威胁的规则。我发现，当团队会议时间被缩短时，员工的担忧没有被听到，当管理层被用来为严厉的规则辩护时，会让员工感到自己的渺小和无能为力。

琼：你觉得我现在该怎么办？

伊莱恩：展现自我并重拾信任永远都不晚。好好想想。记住，你有一个出色的、努力工作并想要成功的团队，对吗？

琼：好的，非常感谢你，伊莱恩。

琼起身准备离开时，伊莱恩送给她一件小礼物：一张白色卡片，上面写着"做你自己"。

故事的教训

琼并不是唯一一个努力让自己成为领导者并学习戴正确帽子的人。当项目经理被赋予领导职责时，他们往往会犯错误，扮演一个虚假的角色。当琼接受成为团队领导者的挑战时，她突然被期望戴上三顶帽子：管理者、主管和团队成员。但作为团队领导者，她对自己的角色做了三个错误的假设。

行驶更大的权力和权威会产生更好的结果

琼认为好的领导意味着戴上管理者的帽子，利用自己的权力和权威去完成更多的工作。她变得指令性、固执和控制性。很可能琼戴着她的管理者的帽子来掩饰她作为新团队领导者的不安。她觉得自己在新的岗位上很软弱，错误地认为自己需要管理者的帽子来指挥和控制。自上而下的管理很少是获得团队士气、动力和结果的最佳途径。琼过于依赖她的管理者的帽子——"我告诉他们这是管理层想要的，我们需要做管理层希望我们做的事情。我的工作是满足管理层的要求"，但她的团队对此并不满意。与案例2.1中罗伯特的故事不同，这是一个戴错帽子的例子，在错误的时间，以错误的方式，出于错误的原因。

对人强硬是领导者力量的象征

琼担心自己显得软弱，这促使她对别人严格要求："我必须表现出我是团队领导者，而不能让他们认为我是一个容易受人摆布的人。"对人们关心的问题采取强硬态度是一种错误的引导行为，其根源在于恐惧和自私，而不是勇气和同理心。记住，戴上你的管理者和主管的帽子需要勇气，戴上它们是为了激励、引导和帮助员工取得成功，而不是恐吓和惩罚员工。作为领导者，同情他人、关心他人是你的长处，而不是弱点。它表现为敏感、谦逊、善良、内在力量和自信。这些特质创造了真诚、积极的工作关系。

> 戴上你的管理者和主管的帽子需要勇气，戴上它们是为了激励、引导和帮助员工取得成功，而不是恐吓和惩罚员工。

展现你的真实自我会让人们利用你

这是琼最大的错误。你展现得越少，人们就越不相信你。人们相信真诚的人。没有人喜欢骗子，尤其是作为领导者。敢于展现自己的领导者更自信、更透明、更可信、更开放、更负责。这些都是人们在领导者身上寻找的特质。

不要让你的角色决定你是谁

琼喜欢她的管理者帽子，当她戴上它时，她感到有权力，有威严，有责任感。这给了她极大的控制感和自信。然而，帽子代表的是你扮演的角色，而不是你自己。换句话说，不要让你戴的帽子改变你或重新定义你的性格。这三顶帽子赋予你一定程度的权威、权力和责任，而不是你的个人品质、价值观、良知、情绪、常识、情感和信仰。这些东西并不包含在你的帽子里，而包含在你的真实自我中。琼全神贯注地戴着管理者和主管的帽子，结果戴帽子的人不见了。她不是她自己，她的员工也知道这一点。琼躲在自己的管理者的帽子后面，遵循严格的规定和限制，戴着严厉的主管的帽子，要求员工服从新的程序。

总结

正如琼发现的那样，当她戴着管理者或主管的帽子，表现得更有权威性、更有权力、更有控制力时，团队的反应是消极的：

▲ 团队士气低落，工作效率低下。不诚实的人会造成不信任、不确定和怀疑，从而导致团队动力缺乏和产出低下。

▲ 团队承受了巨大的压力并遭遇了激烈冲突。与虚伪的团队领导者一起工作的不信任和压力会给每个人带来压力、挫折和焦虑。当工作

环境是开放和诚实的时，工作更容易，事情更顺利，人们更快乐。

▲ 用"管理层"来为自己的强硬行为辩护的领导者往往缺乏安全感，表现出防御性和被动攻击性。责怪他人、逃避责任、躲在规则背后并不是团队取得高绩效的要素。有效的团队领导者总是表现出对自己行动的责任感。

团队领导者最艰难的挑战

　　缺乏自信和没有安全感可能是人们不能展现真实自我的最大原因。他们相信展现自我会使他们更容易受到潜在的批评、收到负面反馈、被嘲笑和操纵。一个欺负、恐吓他人和对他人强硬的人是一个缺乏安全感和自我怀疑的人。正如琼所说："我觉得作为团队领导者表现出情绪会让我看起来很软弱。"许多人错误地认为，他们的强硬性格为其提供了一个保护壳，让他们面临更少的暴露、更少的风险而更安全，事实上，这使他们更不稳定，更容易失败。

　　和许多新的团队领导者一样，琼担心如果她展现真实的自我，人们会利用她，挑战她的权威。琼的不安全感是由个人恐惧引起的。人们害怕社会排斥、批评、失败和冲突。在琼的情况下，她的应对机制是把自己藏在管理者的帽子后面。这是另一个悖论，因为当你更少地展现自我时，你就会更少地考虑自己，这会削弱你的自信，引发自我怀疑。当你较少地考虑自己，更多地依靠帽子来获得自信时，这可能会成为一种恶性循环，但这是一种虚假的自信。另外，当你的自信心下降时，你接受新挑战的意愿也会下降——你要谨慎行事，不要暴露自己。自我意识过强的领导者，他们担心自己在别人眼中的形象，并因别人的想法而感到威胁，这是无效的，他们逃避责任，并且在做决定时陷入挣扎。因此，一个虚假的角色并不能保护你；它实际上削弱了你的自信。

对于团队领导者来说，最艰巨的挑战不在于适应你的新角色和职责，而在于保持使你成为一个有效领导者的特质——你的真实性。的确，没有人百分之百是真实的或者百分之百是假的。然而，你的成功取决于你展现真实自我的程度。简单地说，当你是你自己的时候，你就处于最佳状态，当你的真实性降低时，你的效率就会下降。

> 当你是你自己的时候，你就处于最佳状态，当你的真实性降低时，你的效率就会下降。

有效地与他人互动是领导和激励员工的关键。当你领导别人时，你会有意识地选择诚实或不诚实，真诚或不真诚，接受或欺骗，或介于两者之间。你的真实程度将决定你作为经理、主管和团队成员的效率。当然，你可以假装你的领导行为，但这是不可持续的。不管你戴着哪顶帽子，你真实的自我——感觉、良知、常识、直觉和价值观都不应该消失。这些都是保持你的真实感的不变因素，它们强化了你的领导力。记住，你的帽子只是让你扮演一个角色的道具。你可以戴一百顶帽子，但它们不应该改变你是谁。它们不应该改变你对待别人的方式——帽子遮住的是你的头，而不是你的心。

六种展示自己的最好方式

当你展现真实的自我时，这不仅让你更加可信和值得信赖，而且会激励其他人也这样做。提高创造力、直觉、决策能力、自信、自尊和领导力的最大机会之一就是花更多的时间去发现、理解和表达真实的自我。这些反省和自我意识的实践是成为一个更真实的团队领导者的宝贵工具。

要成为一名更真实的团队领导者，你可以采取以下六种方式：增加透明度、表达自我、练习反省、接纳自我、展现纯真的自我和相信自己。

增加透明度

展现真实自我、赢得团队信任的最佳方式之一是增加透明度——让员工看到你的情绪、动机和推理。这是一个很好的方法来学习如何使你的内在动机和外在行为保持一致。沟通你的决定背后的原因，针对问题表达诚实的想法，清楚地解释你为什么要做出改变，并分享你的愿景、策略和关注点。还有什么其他选择？对事情过于谨慎，让员工猜测你的意图，回避员工的顾虑，这些都是导致失败的途径。不要让员工去揣测。如果不知道你的真实动机，员工会对你的意图产生负面的看法。

表达自我

另一个变得更真实的方法是通过分享你的背景，你学到的有价值的教训、技巧或技术，或者一个你珍视的个人故事来表达你真实的自我。做一些可以让你摘下帽子和融入其他人的活动——与你的团队成员一起喝咖啡，为伙伴们准备烤肉汉堡，向你的员工介绍你的家人，分享你的爱好或你周末做了什么。这些活动有助于揭示你真实的一面。给出工作方向、设定工作目标、进行绩效评估和召开会议都不会展现你是谁。你通过个人互动展现真实自我的能力直接关系到你领导他人的效率。在团队环境中，花时间与团队成员一起做事有助于员工们相互了解。这不仅能改善工作关系，还能提高彼此之间的信任、理解和同理心。

练习反省

定期检查你的决定、行动和行为背后的想法与感受，以及你对某个问题、冲突或分歧的个人价值观和信念，是一种健康的做法。练习自我探究对于了解你自己和提高你的人际关系技能是很有价值的。试着问自己一些有见地的问题，比如："是什么让我这么说的？""我怎么能说得更好？""我能做些什么来减轻我的压力？""我从自己身上学到了什么？"最好不要问自己"为什么"的问题，比如："我为什么这么说？""我为什么要花那么多时间分析这个问题？"因为这类问题会引发消极和自我贬低的想法。理解自己的行为和反应，有意识地将自己的思维、感觉、价值观和行为联系起来，这些你都可以通过冥想、正念、积极心理学和其他实践来学习。

接纳自我

接纳自我就是要因自己而感到自豪和快乐。减少过度的自我意识、竞争性及自我施加的压力和负担。享受你的不完美，对自己有现实的看法和期望。认识到自己的优点和缺点，理解你的优点就是你的缺点，你的缺点就是你的优点。例如，你的自信让你果断，但也会让你傲慢，你的固执削弱了你的开放性，但增强了你的毅力。找到自我需要相当多的经验和自省。你的内在自我是独一无二的，正是你的独一无二使你成功。关键是练习让自己感到舒服。欣然承认错误，勇敢地面对后果，并尽快采取必要的行动纠正错误，从经验中吸取教训。对自己的错误负责并及时改正是你作为领导者成熟的标志。

展现纯真的自我

当你玩得开心，展现你的精神、创造力和激情时，就是在最纯粹地表达自我。人们喜欢和对工作充满激情的人一起工作。在工作的"阵痛"中，不要把事情看得太重，不要嘲笑自己，在别人沮丧时挺身而出，在别人挣扎时表现出同理心，不要害怕在工作中表达自己的感受，这需要很大的力量。它让你在别人眼中显得真实。有了纯粹的真实，才会有相互信任和尊重。开放、诚实、热情，以及与他人的积极互动都是值得鼓励的纯粹时刻。在一周内，你在工作中有多少纯粹时刻？

相信自己

自信是对真实自我的信念，这意味着你相信自己是谁，相信自己做出正确决定的能力。如果你知道自己是谁，知道自己想要什么，那么问题是你是否有足够的信心采取行动。当你面临一个艰难的决定时，你相信自己做正确的事情的概率有多高？对自己的直觉和决定充满信心可以提高你的领导力，促进你的个人成长。员工愿意追随那些相信自己的能力并对胜任工作充满信心的人。

第2章 如何在处理人际关系问题时对事不对人

技能2记忆卡

处理人际关系问题时态度坚决，但不对人强硬
戴上正确的帽子，做自己

知道自己的角色

1. 团队领导者的三顶帽子：团队成员、主管和管理者
2. 戴上能给你最大力量和影响力来解决问题的帽子
3. 有勇气戴上强硬的帽子
4. 避免放弃对管理和政策问题的控制
5. 在工作中要友好，但不是成为朋友
6. 你希望员工尊重你，而不是喜欢你
7. 对执行政策和标准严苛，而不是对人严苛
8. 同理心将你与他人联系在一起
9. 不要抢帽子：通过授予权力、权威和控制来建立信任

做更真实的自己

1. 不要让帽子改变你是谁或你的性格——做你自己
2. 增加透明度——使你的内在动机与外在行为保持一致
3. 表达自我——把你的帽子收起来，融入其他人
4. 练习反省——自我探究对提高人际关系技能至关重要
5. 接纳自我——有力量做自己
6. 展现纯真的自我——享受你所做的一切
7. 相信自己——相信自己的直觉和决定

技能2总结

技能2建立在楔形模型的概念之上，因为团队领导者在扮演三种角色或戴三顶帽子时，需要在楔形模型的三个层级上无缝地工作——个人（团队成员的帽子）、团队（主管的帽子）和管理层（管理者的帽子）——每顶帽子都代表不同层级的权力、权威、责任和控制。你能不能在处理人际关系问题时态度坚决而不是对人强硬，取决于你能否恰当地运用和平衡这三种角色。

管理者的帽子。你有权代表、传达和管理公司的政策、计划、目标、标准、程序和战略。你负责员工合规性、人事管理、战略调整、报告和预算控制。你制订目标、策略和工作计划来满足组织的期望。

主管的帽子。你有权部署团队流程，并指导如何按照管理层的政策、计划、战略、目标、流程、计划和优先级开展工作。你有责任确保你的团队高效、安全地运作，员工能够胜任工作，员工绩效满足预期，客户对团队的工作感到满意。

团队成员的帽子。你有权执行和控制你的个人工作任务，并有责任展示你所期望的伙伴关系和团队合作，包括相互信任、协作、沟通、尊重、同情、支持及关心和关注。

你与员工的关系是一种复杂的关系，在这种关系中，作为管理者，你代表组织管理优先事项、规则和政策；作为主管，你指导和评估他们的工作；作为友好的团队成员，你尊重和支持其他人的工作。但你是团队成员、主管还是员工的管理者？你能有效地戴三顶帽子吗？很明显，团队领导者有许多不同的角色和职责，很难平衡这三种角色。你一方面想要取悦管理层；另一方面希望你的团队尊重你作为他们的领导者；你还希望你的员工喜欢你。

技能2陈述了三个案例，说明了在当今职场中团队领导者扮演多重角色的重要经验教训。这些经验教训包括：

▲ 理解每顶帽子都被赋予了不同的权力、权威和控制，以及不同的责任、期望和视角。

▲ 戴上最适合解决问题的帽子，使你处于最有利的位置，以有效和高效地解决问题——始终站在一个有力的立场上采取行动。

▲ 有勇气在困难的情况下戴上你的管理者和主管的帽子，并用这些帽

子来激励、引导和帮助员工成功，而不是恐吓和惩罚员工。

▲ 不要为了避免冲突和员工不满而将你的管理者或主管的帽子拱手让给他人。

▲ 当委派任务时，你会改变人们的行为。明确你在期望、权力、权威和控制方面的授权，不要害怕授权，要信任他人。

▲ 纠正常见的错误。行使更大的权力和权威不会让你得到更好的结果，作为团队领导者，对人强硬不是你个人实力的象征，展示你的真实自我并不意味着你允许别人利用你。

▲ 不要犯让你的帽子决定你是谁的错误。假扮领导者很可能会导致失败。勇敢面对最严峻的挑战，做你自己。作为团队领导者，有六种方式可以帮助你提高自己的真实性：增加透明度，表达自我，练习反省，接纳自我，展示纯真的自我，相信自己。

技能2主要讲的是在正确的时间、以正确的方式、出于正确的理由和在适当的情况下戴上正确的帽子。希望你对三顶帽子的角色有了进一步的了解，并对做真实的自我的重要性有了深刻的认识，这将大大提高你处理棘手的人际关系问题而不必对人强硬的能力。

第3章

如何建立高度成功的团队

楔形模型和三项帽子将团队领导者今天所需的多种人际关系技能结合起来。在这些概念的基础上，项目经理的下一项基本技能是了解如何建立一个高度成功的团队，这里的团队被定义为一群人共同工作，通过卓越的协作、团队承诺和无私的行为来满足和超越干系人的期望。

卓越的团队领导者不是管理人，而是领导人。他们不告诉员工该做什么；他们激励和引导员工在实现共同的战略和目标时相互合作与支持。此外，优秀的团队领导者不是管理团队，而是管理团队的绩效和行为，团队行为决定团队成功。因此，建立一个高度成功的团队需要管理团队行为的技能，而最重要的行为是团队包容性。

案例 3.1

公司合并——组建新团队

通过兼并和收购来寻求更大的盈利能力和收益增长是商业中的一种常见策略。即使在利润受损的低迷市场环境下，拥有强大资产负债表的公司也会看到战略性收购竞争对手、扩大市场份额和进行有效整合的潜在机会。这是一种快速获得新收益的方法，不需建立新的资产。然而，公司并购是最具挑战性的经历之一。你正试图以最快的速度整合、巩固、优化、剥离和适配两家不同的公司。在这个过程之后，你希望成为一家更精简、更强大的公司，拥有更好的战略、收益增长、资产、技术，以及来自两个组织的人员。

在两家大公司合并过程中，一位备受推崇的人力资源经理玛丽亚被选为新合并公司的企业员工培训与发展（Employee Training and Development，ETD）部负责人。她的前公司被竞争对手收购了，所以她被重新调配到竞争对手的总部，在那里她将整合和管理从两家公司抽调的35名员工。大约20%的新团队成员将由她以前公司的员工组成，剩下的将从竞争对手公司中抽调。

在合并两家公司的ETD职能（包括整合政策、数据库、培训材料、资源及监督和管理培训计划）长达13个月之后，经理重新审视了该部门的进展，并希望评估员工承受变革的程度。玛丽亚和她的两位高级团队领导者分发了一份员工满意度调查问卷，并采访了目前在ETD工作的具有代表性的员工，以及过去一年中离职的一些员工。以下是他们审查的一些主要主题和代表性发现。

员工喜欢什么

▲ 在经历了一段艰难的时期——整合记录、重新调整流程，以及从被收购公司雇用了一批新员工之后，员工很高兴看到事情最终得到解决，运营更加顺利。

▲ 好消息是，员工培训和发展项目得以保留，而不是外包。

▲ 员工赞赏管理层的努力——让员工了解并购的情况和进展。

▲ 员工觉得大家齐心协力，互相支持，并在过渡时期保持积极乐观。

▲ 员工对频繁的团队会议表示欢迎，这使人们能够相互见面。

▲ 希望工作环境很快稳定下来，管理层暂时不要再做任何改变。

需要改进什么

▲ 员工希望有机会表达他们对过渡期的感受和担忧，但许多员工表示，最好在合并后的13个月内寻求反馈。

▲ 尽管公司对员工的需求很敏感，但许多员工在合并过程中仍然感到压力和负担过重。

▲ 许多重大决策都是由管理层做出的，这些决策影响了ETD的运作，

但员工没有机会参与进来。
- ▲ 尽管被收购公司的员工获得了公司范围内的培训，但一些员工表达了这样的感受，"我被视为承包商，而不是员工"，以及"我必须自己解决问题，还有许多我不熟悉的不成文的规则和公司条款"。
- ▲ 部门仍然缺乏文档和标准化的程序及方法。员工觉得新团队成员还未达到同步。
- ▲ 员工希望在部门内更好地交流和分享人们在做什么及为什么这样做。
- ▲ 员工认为，团队由收购公司的一些固执己见的个人主导，他们的想法和问题有时没有被听到。
- ▲ 离职员工的反馈包括以下陈述：
  —"我几乎没见过我的主管。"
  —"我的绩效被评为符合预期，这是我有史以来的最低水平，我从来没有得到一个好的解释。我觉得他不喜欢我。"
  —"我选择离开不是因为人，而是因为我觉得自己的责任被降级了。"
  —"我不知道我要去哪里，也不知道我在这个新团队中的角色是什么。"
  —"我在新公司从来没有感到舒服，所以我决定回到学校。"

看完调查结果后，玛丽亚喜忧参半。她对这些评论的诚实性表示满意，通过这些评论，她了解了员工的感受。但她认为许多评论都是对她作为一个经理的有效性的批评。她没想到会得到这么多的负面反馈，那些觉得受到不公正对待、负担过重或不知情的员工没有联系她，她为此感到失望。玛丽亚已经明确表示，对于任何有顾虑或担心的员工，她的大门都是敞开的。很少有员工接受她的提议。此外，还有许多小组会议，会上员工也可以发表意见。玛丽亚想知道员工是否还不太了解或信任她。她不知道还能做什么。

故事的教训

这些结果对于经历了组织结构调整、职能变化或组建新项目团队的公司和团队来说并不少见。你试图弄清楚物流、沟通、流程、角色和责任，以及工作期望。员工被提前警告，他们可能得到额外的工作，遇到一些冲突，并感到不舒服。因此，人事问题往往被忽视，并被视为每个人都要付出的代价。但在任何重组或新项目中，成功的关键是建立一个高效的团队。每个人都急于完成工作，但如果没有一个忠诚、有效的团队，工作就无法成功完成。

回顾玛丽亚的经历，她主要学到了什么？对于她的团队成员感到的失望，有没有共同的线索或根本原因？在我们看这个故事的教训之前，让我们先来讨论是什么促使一群人团结起来，作为一个团队一起工作。

成功团队中最重要的人力因素

建立高度成功的团队最重要的人力因素是团队包容性，这意味着拥有一个让你感到被接受、被包容、被尊重、被关联、被认可和被重视的团队。这是一种"在环中"的感觉，如图3.1所示。"环"代表一个接受、舒适、归属、互联和共享目标的地方。这是你的另一个家。这是一个充满安全、信任、乐趣、友情和支持的地方。"环"是学习团队包容性的关键概念和技能的一个很好的模型。

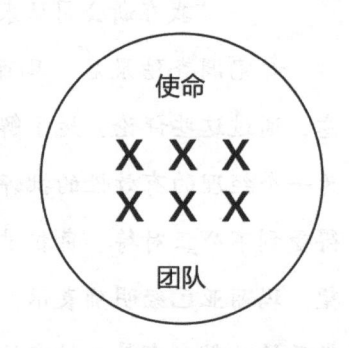

图3.1 在环中

在环中满足了两个重要的人类需求：目的和同伴接受。如图3.1所示，在环中的感觉来自三种情绪：（1）你感觉被团队接受（×代表团队中的个人）；（2）你觉得自己有一个更大的使命（大的包围圈）；（3）你觉得与其他团队成员相互联系（所有×紧密相连）。在高度成功的团队中，团队成员相互信任，并致力于团队的目标。作为项目经理，你最重要的职责之一是构建明确而有说服力的使命，该使命的范围和意义要比团队全体成员的大得多，并激励他们为实现使命而相互协作。员工被共同的目标和团队关系所激励。包容性来自一种共同的信念，即团队是第一位的，没有人比团队更重要——一种"我们高于我"（我们＞我）的态度。

> 在环中满足了两个重要的人类需求：目的和同伴接受。

在并购案例（案例3.1）中，问卷调查和访谈的积极反馈反映了包容性对员工的重要性：组织使"员工了解并购的情况和进展"；"大家齐心协力，互相支持，并在过渡时期保持积极乐观"；团队会议"使人们能够相互见面"；员工喜欢"新员工入职"的机会。

在环中会让你感到安全，但当你离开时，你会在心理上感觉与你的团队脱节。这是一种被排斥的状态，你会感到"不在其中"——被拒绝、被抛弃、不喜欢或不信任。你认为你受到不同的对待，你觉得你被团队排除在外，远离团队的使命。在并购过程中，员工感觉被排除在决策过程之外（"没有给员工提供意见的机会"）；当在13个月内没有征求他们的反馈意见时，他们感觉没有得到重视；员工感到束手无策和孤独——"我必须自己解决问题"；他们不知道其他人在做什么——缺乏"在部门内更好地交流和分享人们在做什么及为什么这样做"。当员工不相信自己是更大使命的一部分时，环就被打破了，他们的承诺也被打破了。

> 当员工不相信自己是更大使命的一部分时，环就被打破了，他们的承诺也被打破了。

此外，人力资源经理玛丽亚可能会感到被排除在外，因为员工没有与她分享他们的顾虑和担忧，她质疑员工是否信任她。她觉得自己好像在环之外，还没有被团队接受。值得注意的是，每个人都有一些被排斥的感觉，但这个问题从来没有被预料到、发现或解决过。这在职场并不少见，在有压力、变化和冲突发生时最为明显。然而，大多数组织没有认识到排斥的真正代价。它是组织中的项目和团队合作的最大的"无形杀手"，让员工暴露在他们最大的恐惧中——同伴的排斥和感觉自己无关紧要。

自我排斥

正如并购的故事所说明的，没有人喜欢被排除在外、不知情或被拒绝，但排斥并不局限于同龄人的拒绝，它也与自我排斥有关。自我排斥是指员工选择从心理上或身体上脱离其团队、活动或其他互动。自我排斥者选择不参与、不与他人联系或不与他人合作。自我排斥者更喜欢自由、独立、不受团队工作的束缚。

想要暂时离开团队是正常和健康的，但是当自我排斥成为你首选的工作方式时，它很快就会对你和团队造成损害。脱离他人会影响团队的活力，也会影响你与他人有效合作和保持良好工作关系的能力。当人们不理解你的自我排斥时，他们通常会做出最坏的假设——"他不想和团队互动""他不想和我们一起工作"或"他不相信我们在做什么"。总之，当别人排斥你（社会排斥）或你选择排斥自己（自我排斥）时，排斥感就产生了。

在这个故事中，被排斥的感觉使员工感到不自在，对于得到的平庸绩效评价，他们"从来没有得到一个好的解释"，不觉得有价值——"我觉得他不喜欢我"，或者感到失落或被抛弃——"我不知道我要去哪里，也不知道我在这个新团队中的角色是什么"。排斥是造成员工不满的常见因素。一些人选择了自我排斥而离开，另一些人留下来，但希望自己能被更多地接纳，并留在环中。自我排斥通常被认为是一种消极的回避和以自我为中心的"我＞我们"的行为。

是什么提高和降低了员工的积极性

不了解别人就不能领导别人。了解团队成员的性格类型是理解团队成员和培养团队包容性的一个重要起点。毫无疑问，了解一个人的性格类型是了解他的最有效的方法之一。长期以来，人们一直认为，亚群体具有相似的行为倾向、工作风格、动机、个人偏好、性格特征和气质，这一观点在理解行为方面非常有价值。研究表明，一个人的行为和动机在很大程度上可以归因于内在的气质或性格类型。性格类型并不总是能预测员工的行为，但它确实能让你深入了解员工的个人喜好和动机。虽然有许多性格类型的模型，但迈尔斯-布里格斯和凯尔西的性格类型模型可能是职场中最受欢迎的和最容易学习的。凯尔西的四种性格类型分别为理性者、守护者、理想主义者和技艺者，如表3.1所示。由于每个人都是独一无二的，可能没有人百分之百地属于一种或另一种性格类型，但很可能你会有一个主要的性格类型。

> 毫无疑问，了解一个人的性格类型是了解他的最有效的方法之一。

表3.1　凯尔西的四种性格类型

性格类型	特征
理性者（思想者）	善于分析 有逻辑性 有竞争力 寻求成就
守护者（支持者）	合作性强 服从性强 组织性强 寻求安全
理想主义者（移情者）	思虑周全 感情丰富 有激情 寻求身份认同
技艺者（风险承担者）	表现力强 不循规蹈矩 资源丰富 寻求自由

理性者是与他人竞争的思想者，具有分析性、客观性、逻辑性、系统性、胜任性和战略性的特点。他们很自然地被数学、化学、物理、工程、计算机和信息技术等科学和技术所吸引。理性者是批判性思考者、自我启动者和成就寻求者，他们努力做到让每件事都没有错误。

守护者是为他人服务的支持者，他们以协作、团队合作、奉献、忠诚、强烈的职业道德、耐心和牺牲精神而闻名。他们被政府、军队、公共服务、教育、工业和劳工等权威性、商业性和服务性组织所吸引。守护者是务实的思考者、勤奋的工作者和安全寻求者，他们相信每次都能按时完成任务。

理想主义者是关心他人的移情者，他们被描述为敏感的、体贴的、无私的、道德的、真诚的、富有同理心的、充满希望的、合作的和有远见的。他们喜欢人文学科，通常从事教学、咨询、教练、辅导、宣讲、引导和治疗等工作。理想主义者是浪漫的思想家、共识的建立者和身份的寻求者，他们追求和平、和谐和幸福。

技艺者是风险承担者，他们喜欢用自己的聪明、创造力、激情、足智多谋、风趣、说服力和胆识打动别人。他们喜欢艺术、营销、政治、媒体、娱乐和实践，不怕进行特殊的冒险，追求新的机会和转行。技艺者是富有想象力的思想者、自我推销者和寻求自由的人，他们希望与众不同，做非凡的事情。

简言之，理性者追求成就、效率、胜任力和自主性；守护者需要安全、责任、工作和稳定；理想主义者看重和谐、诚实、尊重和激情；技艺者更喜欢独立、个性、灵活性和适应性。在团队环境中，理性者想要自主，守护者想得到欣赏，理想主义者想得到尊重，技艺者想要自由。理性者害怕失败，守护者憎恨拒绝，理想主义者讨厌冲突，技艺者厌恶批评。

> 在团队环境中，理性者想要自主，守护者想得到欣赏，理想主义者想得到尊重，技艺者想要自由。

除了使用这些描述，你还可以通过在互联网上随时进行的调查更准确地确定你的性格类型。了解性格类型可以让你更善于培养团队包容性。对于每种性格类型，表3.2显示了哪些因素是包容性的（"什么吸引我"），以及哪些因素是排斥性的（"什么驱使我离开"）。

总的来说，所有性格类型的人都是通过尊重、认可和关联被纳入环中的。此外，所有性格类型的人在感到被批评、被边缘化（被轻视、被降级、被贬低）、未被重视、被低估和受到不公平对待时，都倾向于离开环。当压力增大时，性格类型倾向于两极分化——理性者和技艺者变得咄咄逼人并占据主导地位，而守护者和理想主义者则变得被动和退缩。这种攻击性和被动性的两极分化会导致团队成员间的冲突和敌意。

表 3.2　性格类型的包容性和排斥性因素

	包容性因素 什么吸引我 ← X	排斥性因素 什么驱使我离开 → X
理性者 （思想者）	挑战、分析、解决问题、战略思考、计划、系统、目标、领导、有影响力的工作	无能、低效、情绪化、不合逻辑、没有挑战性的工作、错误、失败、缺乏结果和目标
守护者 （支持者）	欣赏、安全、团队、合作、项目、组织、职责、责任感、务实、工作稳定	无序、不稳定、变化、缺乏方向、混乱、不公平、吹牛、大声嚷嚷、领导能力差
理想主义者 （移情者）	尊重、公平、关怀、同情、激励、诚实、和谐、正直、敏感、价值观、有意义的工作	不道德的行为、不诚实、欺凌、伪造、冲突、卑鄙、压力、不敏感、不公正、不真诚、操纵
技艺者 （风险承担者）	自由、变化、风险、行动、创造力、开放性、刺激、热情、新机会、令人兴奋的工作	无聊、规则、限制、流程、不作为、批评、限制、计划、结构、控制、标准实践、命令

🔒 在冲突期间保持团队团结

在冲突期间，团队成员会变得更加以自我为中心、分崩离析、两极分化和排斥。当感到被拒绝时，成员的表现可能是轻微的、暂时的刺激，也可能是严重的、持续的抑郁。成员可能会经历悲伤、自卑和受伤害三个感觉阶段。团队领导者必须认识到，当被拒绝的感觉转化为受伤害的感觉，并被用作绩效不佳和其他严重行为（如敌意、破坏甚至暴力）的借口时，团队排斥和自我排斥会产生不良后果。被排斥的感觉不是一夜之间就会产生的，通常需要经过一系列的不良经历后，成员才会对团队失去信心；因此，大多数事件是可以避免的。

在并购的故事中，经理认为，从她的角度来看，负面反馈似乎是不合理的。员工的排斥可能是错误的、不合逻辑的和毫无根据的，但员工的感知是真实的。排斥感是一种感觉，它们是否有一个有效的逻辑基础在很大程度上是无关紧要的。当团队表现出不良的行为，如缺乏沟通和责任感时，就会产生排斥感。除非有激励因素让他们保持在环中，否则员工会离开；如果员工觉得自己不被需要，或者没有一个相关的目标让他们与团队保持联系，他们就会在心理上离开。

包容性需要巨大的承诺和额外的努力。当员工聚在一起作为一个团队工作时，这不是自然发生的事情。虽然人天生具有社交性，但这并不一定意味着员工喜欢一起工作。社交和团队合作是不同的，而且团队合作不等于包容。当人们聚在一起聊天、互动和娱乐时，社交就发生了。团队合作是指一组人为了一个共同的目标而协同工作，共同承担一定的角色和责任。社交和团队合作是一种行为，而包容是一种心态。没有包容的心态，你就不可能拥有良好的团队合作。包容性是一种"心理黏合剂"，它能让团队联结在一起——接受、归属和联系。但要实现团队包容性（"我们>我"，团队优先），需要每个人持续、一致的努力。如果没有这种努力，团队成员自然会默认"我>我们"的状态。对包容性团队的真正考验在于，团队成员在冲突中保持"我们>我"的态度的能力。

> 对包容性团队的真正考验在于，团队成员在冲突中保持"我们>我"的态度的能力。

案例 3.2

金枪鱼三明治——预防冲突

一天晚上，IT团队负责人汤姆决定提前准备午餐，以便第二天早上他有更多的时间穿衣服和吃早餐。他最喜欢的午餐是金枪鱼三明治，这是他多年来做得最拿手的饭。他打开一罐上等的金枪鱼罐头，把一半倒进一个小碗里，并将其捣碎，然后和一些蛋黄酱、芥末、切碎的芹菜、少许莳萝和一点调味料以完美的比例进行混合搅拌。接着，他将这种混合物涂在他最喜欢的两片杂粮面包上。对他来说，秘诀是金枪鱼混合物的量要合适，并要把金枪鱼混合物均匀地涂在面包上。如果金枪鱼混合物太多，则面包会变得湿软；如果金枪鱼混合物太少，则金枪鱼的味道就没了。毫无疑问，在做金枪鱼三明治时，汤姆是个完美主义者。

汤姆把三明治放在一个自封袋里，然后用保鲜膜把剩下的金枪鱼罐头封起来，以便他的妻子米歇尔也可做三明治。他从厨房里向正在看电视的米歇尔喊道："嘿，米歇尔，我做了金枪鱼三明治。还剩了一些金枪鱼，我把它放在冰箱里，留给你，好吗？"米歇尔心不在焉，没听太清楚，她说："非常感谢，亲爱的。"（米歇尔心想："汤姆给我做了三明治，真是太好了。"）

第二天早上，米歇尔像往常一样先起床，准备，然后准时离开。汤姆起床，淋浴，刮胡子，穿好衣服，大口喝下一杯咖啡和一些酸奶。他抓起背包，走进厨房，准备装上美味的金枪鱼三明治。当他在冰箱搁架上搜寻三明治时，三明治似乎不在那里。他看了看冰箱的更深处，他想，三明治一定被推到了架子上更远的地方，仍然没有看到。他更仔细地搜索其他搁架，但没有找到。他想了想："我的三明治去哪了？"

在进一步搜索时，他注意到那罐剩下的金枪鱼没有被动过，他突然意识到："天哪，米歇尔拿走了我的三明治！"意识到这一点后，汤姆急忙又做了一个三明治，但在匆忙中，他放了太多的蛋黄酱，没有放其他配料。他把混合物涂在面包上，然后去上班。他不开心。事实上，早上的匆忙让他整个上午都感到焦虑和情绪化。他觉得被"抢"了。他试着给妻子发了好几次短信，但都没有回音（原来米歇尔的智能手机没有充电）。他努力地做他最喜欢的完美三明治，而他的妻子一句话也没说就拿走了。汤姆觉得他有权生气。

下班后，交通畅通无阻，汤姆比米歇尔早到家。米歇尔一小时后到家，她问他一天过得怎么样。汤姆说："我今天还可以。顺便问一下，今天早上我放在冰箱里的三明治你拿走了吗？"米歇尔回答说："是的，非常感谢。我早上快要迟到了，所以有准备好的三明治真是太好了！很好吃，但我觉得金枪鱼加酸面包更好。"如果你是汤姆，你会怎么回答？

a. "我昨晚告诉过你，我给自己做了一个三明治，罐头里剩余的金枪鱼是给你留的。你从来不听我说的话！你知道自己错了，所以你才不理睬我的留言。你应该向我道歉！"

b. "那是我的三明治！下一次请先问问我，不要直接拿走。"

c. "你拿走了我的三明治，毁了我美好的上午；如果我拿走你的三明治，你会有什么感觉？"

d. "你懒得自己做三明治，所以你觉得可以吃我的？"

e. "很好，我很高兴今天早上三明治帮你节省了时间。事实上，那个三明治是我给自己做的，所以找不到的时候我很不高兴，怪我没说清楚。酸面包听起来不错——我下次会给你做的！"

哪个回答代表你最可能的反应？哪些回答是包容性的——"我们>

我"（我们在我之前；我们优先）？哪些是排斥性的——"我＞我们"（我在我们之前；我优先）？

让我们检查每个回答：

a. "我昨晚告诉过你，我给自己做了一个三明治……你从来不听我说的话！你知道自己错了，所以你才不理睬我的留言。你应该向我道歉！"这些表述都是指责性的、自我伤害的和分裂的。汤姆觉得自己受了委屈，米歇尔应该道歉。这显然是一种"我＞我们"（以自我为中心）的反应。

而且，米歇尔听错了汤姆说的话，以为他给她做了三明治。由于不知道这一事实（加上米歇尔没有看到短信），汤姆认为米歇尔有负面意图。如前所述，当人们没有收到你的信息时，他们通常会做出最坏的假设。

b. "……请先问问我……"这是一种控制行为。没有人喜欢被控制或被告知该做什么。这是一种"我＞我们"（以自我为中心）的反应。

c. "……毁了我美好的上午；如果我拿走了你的三明治，你会有什么感觉？"这是一个寻求同理心的问题（"你感觉到我的不公了吗？"）。然而，这也是一种"我＞我们"的反应，因为汤姆责怪米歇尔毁了他美好的上午，他的问题可能得不到他所寻求的同理心，常常会适得其反。例如，米歇尔可能会说："如果你拿了我的三明治，我不会介意，这没什么大不了的。"

d. "你懒得……"这是一种指责性的、判断性的反应，可能会激化冲突。没有人喜欢被别人指责或评判。这是一种"我＞我们"的反应。

e. 这是一种"我们＞我"的反应，汤姆有同理心，保持积极心态，避免指责、控制和评判米歇尔。

①汤姆一开始就积极关心米歇尔，而不是他自己（"我们"的行为）："很好，我很高兴今天早上三明治为你节省了时间。"

②他分享了他的真实感受——"事实上，那个三明治是我给自己做

的，所以找不到的时候我很不高兴"（透明）。

③他最后用了一个前瞻性的、包容性的、"建设性"的评论——"酸面包听起来不错——我下次会给你做的！"

这种对话顺序比之前的积极—消极—积极"三明治"程序更好——新的更好的"三明治"（如本文所述）首先是同情或认可对方（你）；其次，表达你的诚实和个人观点（我）；最后，以前瞻性的、包容性的声明作为结束（我们）。这不是金枪鱼三明治，而是"你—我—我们"三明治，它可以防止冲突，建立包容性的关系。

还要注意，在e中，汤姆认为自己对错误的沟通负有个人责任，而不是责怪米歇尔。汤姆说"怪我没说清楚"（e）。故事的结尾，米歇尔这样回答："不，你说得很清楚，我不听是我的错。对不起，我拿走了你的三明治。不如我为我们俩明天的午餐做一个很棒的三明治吧！"这个故事说明，"我们"的结局总是比"我"的结局好。

故事的教训

团队合作不佳和排斥行为的最常见原因可能是内部冲突和人际冲突。人际冲突发生在个人内部，如不安全感、自我批评、自卑和内在价值观冲突。人际冲突是由团队意见分歧、缺乏合作或团队成员无法共同工作引起的。在任何一种情况下，冲突都会使员工远离（自我排斥）或分离（社会排斥），并且通常发生在团队面临棘手问题、破坏性变化和其他困难情况时。包容性是团队生存和成功克服这些挑战的关键因素。如果一个团队能够保持"我们＞我"的心态，那么糟糕的冲突就可以避免；即使遇到冲突，也可以加强团队合作。所有的团队问题和人际冲突都可能削弱或加强团队合作。这是个人的选择——是"我"还是"我们"？

有意识地选择团队而不是自己的能力与其说是一种理智的选择，不如说是一种情感的选择。汤姆和米歇尔的误会与你在职场中遇到的人际冲突没有什么不同，当员工感到不受尊重、被边缘化、被利用和被他人欺骗时，他们要求公正。回答a到d都植根于不公正的感觉，这造成了一种"我是对的，你是错的"的冲突。汤姆觉得受了委屈不是没有道理的，他需要一个道歉才能恢复正常。回答a到d是寻求公正的不同方式，汤姆希望妻子承认自己有错。在任何冲突中，这样的事都可能成为一场关于谁对谁错的情感较量。同样，当团队中发生冲突时，人们需要另一方道歉或赎罪来证明自己是对的，而当这不起作用时，通常的反应是报复——"既然你冤枉了我，我也有权冤枉你。"这种报复心理通常表现在职场的消极攻击行为中。当团队成员进行这种针锋相对的交流时，结果就是两败俱伤。

"我"的行为是分裂的，"我们"的行为是统一的。"我"的思维会缩小你的视角，"我们"的思维会扩大你的视角，使你能够看到更广阔的前景，产生更大的影响，并扩大团队的环。当你退后一步，放眼全局时，"正确"很重要，但它是否重要到足以危及你与妻子的关系？你是想证明自己是对的，还是想离婚？你的三明治比你与配偶的关系更重要吗？作为项目经理，正确的态度比项目的成功更重要吗？这类似于一个经典的问题："什么更重要，赢得战斗还是赢得战争？"记住，除非你有一个包容的团队和一个统一的目标，否则你不可能拥有一个非常成功的团队。当"我"的心态占上风时，环就会缩小，排斥就会发生；当"我们"的心态占上风时，环就会扩大，每个人都有空间。

> 你是想证明自己是对的，还是想离婚？

总结

汤姆和米歇尔的故事说明，选择"我们"而不是"我"不是自我牺牲（"我输了，你赢了"）或竞争（"你输了，我赢了"），这是一个双赢的、包容的视角。公平、尊重和正义是共同的个人价值观，当它们被侵犯时，你会变得非常情绪化，这往往会导致消极的行为。我们必须承认，不公平的事情会发生在每个人身上，你必须让这些事变得都是小事。你必须相信团队的成功比个人的成功更有价值，包容性比个人救赎更有价值。这是团队和自己之间的选择，也是长期可持续性（婚姻、团队成功、包容性）和短期满足感（个人正确、个人成功和个人救赎）之间的选择。

在"我们"和"我"之间选择

管理团队的最大挑战之一是让人们有效地一起工作，同时让每个人都感到自己被重视。尽管我们认为没有人比团队更重要，团队总是第一位的，但在许多工作场合，情况并非如此。你公司的员工是否真正重视并优先考虑团队合作和包容性（"我们"）而不是个人绩效和成功（"我"）？在你的组织中什么占主导——"我们"还是"我"？

职场中，"我们>我"的主要障碍是什么？有许多人力因素促使员工寻求自主、自我满足和个人认同，以下是主要原因：

▲ **员工基于个人绩效得到奖励**。在大多数组织中，薪酬政策和体系是基于个人的，而不是基于团队的。你将根据你的个人技能、责任、知识、经验和绩效获得奖励。良好的团队合作被视为理所当然；每个成员都应该是一个很好的团队合作者，就像每个人都应该安全地工作一样。它不被视为绩效的差异化因素，它只是让你有资格工作。

▲ **团队太官僚化了**。非团队拥护者会争辩说，当他们单独工作时，他们工作更快，决策更快。团队会造成官僚主义，引发冲突，并将员工推向最低的绩效状态（"你只和最薄弱的环节一样强大"）。不是每个问题和项目都需要团队合作。在某些情况下，团队可能是一个障碍而不是一个解决方案。此外，团队成员必须互相支持和包容，处理人际冲突可能是一种情绪消耗。这就是为什么在项目中尽可能减少冲突和官僚主义是如此重要。

▲ **员工喜欢掌控自己**。人们希望独立并对自己的工作负责。分担职责和责任感、协作并依靠他人完成项目更具约束性和压力——自己做更简单。

▲ **自我需要得到满足**。个人对成功的需求是由自我价值感、自我决定和自尊驱动的。这是一个"在我第一次自我感觉良好之前，我无法对我的团队感觉良好"的问题。尽管你希望员工在加入团队前审视自我，但降低自我可能削弱竞争力和动力，这对团队来说很重要。归根结底，就是要努力平衡个人的需要和团队的需要。

由于以上这些原因，在"我"之前构建"我们"的心态可能是一个艰难的挑战，但回报可能是巨大的。作为项目经理，不断展示团队合作带来的切实利益是非常重要的。

良好团队合作的价值

尽管有许多因素阻碍了团队合作，但良好的团队合作还是有很多值得一提的地方。世界上很少有项目不依靠某种程度的团队合作来取得成功。即使非常成功的CEO、发明家和独立的艺术家，他们的成功也要归功于他们的家人、朋友、老师、同事、导师、教练、顾问和其他支持者。项目的成功得益于人们以某种方式、形态或形式进行的集体努力。你的许多团队合作技巧都来自你的家人和朋友圈。你应理解并欣赏拥有积极关系的价值。

当团队表现良好时，产出通常大于个人贡献的总和；将正确的技能、才能、知识和经验结合在一起会激发巨大的创造力、专注和成就。就人的因素而言，团队合作的这种不可否认的成功可能归因于友情、同伴压力、社会认同、相互负责，以及满足某些人类需求，而这些需求单靠同伴认同、相互尊重和有意义的共同目标是无法满足的。另外，和别人一起工作会让你体会到一种独自工作无法体会到的乐趣。

很明显，决定成功的是人的因素。这一切都归结于团队的集体动机和行为，团队领导者在推动正确的团队行为方面至关重要。优秀的项目经理知道，保持团队的积极性取决于将团队的需求与个人的需求结合起来，拥有"团队成功时我成功"的心态——"我们"的心态。作为团队领导者，项目经理必须持续强化良好的团队合作和包容性的价值。

> 拥有"团队成功时我成功"的心态——"我们"的心态。

成功团队的六种包容性行为

建立一个高度成功的团队不仅仅是为了一个共同的目标而把员工聚集在一起进行富有成效的工作。团队必须能够管理变化，并且在质量和产出方面不会错过任何机会。团队成员在新的机会出现时能够及时抓住机会并融入新的团队。此外，团队目标和项目也会随着时间的推移而改变。你不希望每次团队发生变化时都从零开始。建立一个高度成功的团队不仅是实现目标和建立关系，还是创建一种可持续的、包容性的团队文化，并随着时间的推移得到持续和加强。这种可持续的文化是建立在六种关键的"我们>我"的团队行为之上的：相互信任、相互依赖、责任感、透明度、学习和重视个性。

员工通常对这些行为的含义有一个大致的了解，但很少完全理解，尤其是在团队中。本节将这些重要术语具体化为可操作的描述，供你的团队使用。在实践中，这些行为不是独立的，而是相互关联、相互依存的。你需要实现所有六种行为——如果其中一种被破坏了，其余的就被破坏了。当你完成每种包容性行为时，你认为你的团队在提供的范围内处于什么位置？

相互信任

相互信任是员工为他人的最佳利益而行动的信念——"我们相互信任"。你相信他人会按照他们说的去做，遵守承诺，尊重彼此的个性和工作偏好。每个团队成员都会为你和团队做正确的事，这需要一个信念的飞跃。在一个高度包容的团队中，当事实不为人所知或发生冲突和误解时，团队成员会假设最好的情况，而不是最坏的情况，并且员工的行为是出于善意，而不是恶意，如图3.2所示。

低	相互信任	高
必须警惕、谨慎、怀疑；人们为了自己的利益而行动		假设人们是善意的；即使在冲突中，人们也会为了团队的最佳利益而行动

图3.2 信任意味着善意

示例 如前一个案例所示，当汤姆找不到他的三明治，也没有收到米歇尔的任何信息时，他假定是米歇尔故意拿走了他的三明治。在没有了解米歇尔的相关情况下，他假设了最坏的情况：米歇尔故意拿走他的三明治，并无视他的短信。事实上，当米歇尔相信汤姆为她做了三明治时，她非常感激汤姆的慷慨。米歇尔是出于善意，而不是恶意。在一个高度包容的团队中，员工会无条件地认为米歇尔的行为是真诚的，不会做出严苛的判断。

在非包容性团队中，员工很谨慎，怀疑他人的真实意图，服务于他们自己的利益，并且怀疑他人。这种不信任的态度可以通过提高团队的透明度、责任感和相互依赖来纠正。

相互依赖

当每个团队成员的工作都很好地整合、协调和相互依存时，就会产生相互依赖。这就像手表的机械装置。为了使手表正常工作，所有部件必须同步，以极高的精度协同运作；互相依靠，尽自己的一份力量；专注于单一、明确的目标；完美地履行各自的职责。团队成员相互依赖、相互支持、相互帮助，以实现共同的目标，如图3.3所示。你的工作依赖于双方的专业知识、合作和交流。

低	相互依赖	高
分工、竞争、独立，"我的成功取决于我，不是团队"	◄——►	我们像团队一样一起工作，相互依赖，"团队赢了，我就赢了"

图3.3 相互依存胜过单打独斗

项目经理经常错误地认为"分而治之"是完成工作最有效的方法。这种方法可能适用于某些项目，但从长远来看，它是不可持续的。当你的工作高度整合，人们彼此紧密合作时，你会得到更好的沟通、信任、责任感、相互学习、团队问题的解决和决策，并且人们也会更好地了解彼此。分开工作也许更方便，但它很少能带来团队的成功。你的目标是创建一种高度成功的团队文化，支持和促进相互依赖而不是各自为战。

在非包容性团队中，员工独立工作，专注于自己的任务，只关心自己在项目中的角色。这是一个竞争激烈的团队环境，团队成员都在争夺个人的关注和成就，团队的环变得更小，员工的压力变得更大。

团队会议中员工的行为是判断相互依赖性的一个很好的指标。是所有员工均参与讨论，还是某些人主导了讨论？人们是承认对方的想法，还是互相议论、不积极倾听或过于主观判断？团队成员是否相互称赞和认可？团队成员是否积极地相互支持或竞争？你可以通过展示相互信任、提供反馈、召开团队学习会议和加强团队责任感来建立更强的团队相互依赖性。

示例 当团队成员忙于自己的任务而不愿意帮助他人时，团队领导者往往会遇到问题。在一个奖励个人绩效的体系中，员工很容易陷入"我＞我们"的模式，变得更加独立，相互依赖性降低。作为团队领导者，你处于最好的位置来减少团队中的这种行为。你可以要求每个团队成员每月或每季度为团队的改进做出贡献，如改进团队流程、指导他人、召开会议、提供培训课程、安排团队午餐或其他团队建设活动，从而帮助避免过度的独立性。它传递了这样一个信息："我们在一起"，作为一个整体工作，所有的团队成员都在环中。当每个团队成员定期为更大的利益做出贡献时，这就会成为一种习惯，这种行为会延续到团队项目和任务中。你通过定期练习来塑造行为。

责任感

责任感是职场中最容易被误用的词汇之一。它总是带有一种负面的含义——"任何问题都要追究你的责任！"当然，责任感意味着对自己的行为负责，承认自己的错误，不找借口，但在创建包容性团队时，责任感的定义要宽泛得多。每个人确实都要对自己在团队中的角色和职责负责，但在此处，它是关于团队的责任感，而不是个人的责任感。团队责任感意味着当一个人的项目部分失败时，团队中的每个人都有责任修复它。换句话说,你的失败就是我的失败,反之,你的成功就是我的成功,如图3.4所示。当一个团队成员成功时,每个人都应该得到一些赞扬,因为成功很可能是直接或间接地由其他人促成的。可以指派一个人来完成一项任务,但每个人都要对结果负责。当你有了真正的团队责任感时,过度的竞争和指责就会消失,相反,你的精力会投入到更有成效的事情上。这是建立在先前关于相互依赖的讨论基础上的。此外,当在一个项目中出现绩效差距时,其他人会自动填补空缺。

低		高
当错误发生时,找责任,找借口,躲起来;"你的错误,你的问题"	←责任感→	每个人对任何问题负责并采取纠正措施;"你的错误,我们的问题"

图3.4 团队责任感意味着每个人都要相互负责

> 团队责任感意味着当一个人的项目部分失败时,团队中的每个人都有责任修复它。

在非包容性团队中,团队成员通过回避项目责任、隐藏错误和因失败而相互指责来避免承担责任。没有人想被发现做错了事。这是一种可怕的文化,当你陷入困境时,没有人来帮助你。你只能靠自己——"你的错误,你的问题"——团队成员不会介入,除非上司让他们这么做。这是一场比赛,看谁犯的错误最少,谁先完成任务,并获得所有的荣誉。你可以通过鼓励你的团队有一个相互负责的"我们"的心态,在需要的时候帮助别人,而不是假设一个"我"的心态,从而建立更多的团队责任感。

示例 没有什么比拥有共同的目标更能把团队团结在一起了,而目标设定是一个共同而重要的团队流程,能够激发责任感。遗憾的是,团队目标通常聚焦内容,即"按时、按规格、按预算"完成项目,团队领导者没有意识到项目的成功取决于员工的行为。那么，为什么项目经理不制定基于行为的目标，让员工对他们的团队行为负责，而不仅仅关注他们集体工作的终点呢？当关注的焦点仅仅是内容输出时，员工往往只会感觉到部分责任感，或者只对他们自己的项目任务负责。设定基于行为的目标，员工会觉得有责任在整个项目中支持和帮助他人以达到预期的结果。

例如，避免只有内容或终点目标（如截止时间、可交付成果、里程碑）；包括激发团队责任感的基于行为的目标，如为每项主要任务分配"合作方案"，以加强指导、伙伴关系和相互依赖；设定更有趣、更令人兴奋的目标（如团队合作的成功案例数量、提出的新想法数量、最具创造性的问题解决方案数量）；认可表现出团队责任感行为的团队成员（如与其他人联系以提供帮助；及时纠正错误；及时寻求解决办法而不是指责；帮助承担缺席团队成员的责任）。创建团队责任感文化需要一些创造力和额外的工作。当团队责任感增强时，团队绩效也会提高。

透明度

从其他人那里获得信任、尊重和信心的最快方式是更加透明。这是建立高度包容性团队的重要因素。透明度意味着表达行动背后的真实动机、意图和感受。这是一种公开的诚实行为。这听起来很简单，但很难做到。诚实会使人感到容易受到批评和评判。你必须对自己有安全感，并有勇气对他人保持透明。

在这种情况下，透明度指的是团队透明度，这意味着行为是由所有团队成员实施的，并且源于团队目标，而不是个人目标，如图3.5所示。当团队透明度被用于增加团队信任、学习和责任感时，它就会起作用。这不是一种让你放肆的、让你畅所欲言的、让你说团队成员坏话的许可。这是"我们"的行为，不是"我"的行为。你在分享你的真实动机和感受，以帮助团队、项目或组织取得成功。透明度的实现应该基于明确的目标和对团队成员的尊重。

低		高
人们的动机和感受不明、隐藏；自我保护占上风	←透明度→	团队表现出开放、公开、诚实，有益于团队，而不是自我

图3.5　为了团队的利益保持透明

示例　当一个团队成员在团队会议上迟到时，这个人通常会道歉，然后给出一个"透明的"理由，例如，"对不起，我迟到了。我参加了一个重要而漫长的电话会议。我们讨论了很多重要的话题，我们正在投票表决一项新的提案，我不得不留下来。我希望我没有错过任何重要的事情。会议进行到哪里了？"这是一种包容、透明的行为吗？作为与会者，这是你想从迟到者那里听到的吗？这些解释是为了迟到者（"我"）还是为了团队（"我们"）的利益？这种行为几乎总是为了迟到者的利益，迟到者希望得到你的原谅并为他的迟到找借口。而且，迟到者希望你停止一切，帮助他弥补错过的事情——"我希望我没有错过任何重要的事情"。这是一个典型的"我>我们"的行为。

如果迟到者真的更关心团队，他们的透明度将集中于帮助团队，而不是他们自己——例如："对不起，我迟到了，我的错。请继续。我会赶上的，为了弥补我的过错，我很乐意承担任何其他人不想承担的项目！"不给自己找借口，这种回应是一种透明、负责、包容的"我们>我"的服务团队的行为。

在非包容性团队中，透明度低是很常见的情况——沟通是一种猜谜游戏，员工说一些他们不想说的话，或者说一些服务于自己而不是团队的话。员工花时间寻找"隐藏的信息"和非语言线索。这变成了一种心理游戏，由此产生了不信任、恐惧、挫折和人际冲突。

要使团队透明度发挥良好的作用，需要支持性的团队文化，以及促进透明度的团队流程，如团队反馈、团队决策、工作量审查、冲突解决和项目回顾。对于团队成员来说，与其他团队成员公开分享他们的观点和感受是非常重要的。请记住，团队透明度是指保持讨论的建设性。使用团队流程帮助消除互动的个性化。有关透明度的更多信息，请参见下一行为的示例。

学习

需要团队纪律、透明度、责任感和包容性，团队成员才能作为一个团队一起学习，审查团队项目，获得反馈，自我检查哪些项目有效、哪些项目需要改进，以及一起接受培训。然而，提高团队价值和生产力的最大机会之一是通过无私地分享信息、知识、经验和技能来相互学习。理想情况下，每个人都应该有动力分享一切，如图3.6所示。这种团队行为减少了内部竞争、信息囤积和权力冲突。

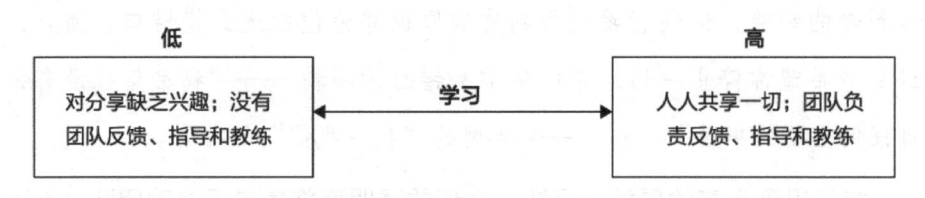

低		高
对分享缺乏兴趣；没有团队反馈、指导和教练	←学习→	人人共享一切；团队负责反馈、指导和教练

图3.6 学习需要积极分享

在"我＞我们"的非包容性团队中，你看不到太多的分享；项目回顾很少进行，员工太忙了，无法指导、辅导和与他人共享信息。出于某种原因，分享不在他们的文化中，领导层也没有推动这一点。这让组织错过了一个大好的机会。当员工离开他们的团队，将他们的知识、专长和经验带走时，大量的专业知识被浪费了。作为项目经理，你有责任在团队中保存、发展和分享技能与知识。

学习是一种积极主动的行为。你可以通过构建团队学习流程来促进人际关系技能的学习，如建立导师—学员关系和辅导系统，其中，经验较少的团队成员与资深成员一起工作；举办"最佳实践"会议，相互分享新的工具和技术；分享来自外部讲座、会议和网络研讨会的笔记；举办团队研讨会来教授其他群体。团队学习可以促进团队成员之间建立相互依赖和信任的关系。这些都是很好的"我们>我"的活动，教导员工超越自我，乐施于人，并寻求理解、支持和帮助他人。一些最好的知识和经验是你从别人那里学到的。

示例 马特是一位经验丰富、备受尊敬的项目经理，他在大约一年前组建了一个新团队，负责开发新的资本项目管理系统。他有一个由七人组成的多元化团队，团队成员拥有不同的技能、经验和性格类型。这一组合赋予了他的团队开发可行的资本项目管理系统的技能、知识和创造力，他们已经准备好在下个月发布该系统。发布的压力表现在团队的行为上——不耐烦、抱怨、分歧和一些轻微的人际冲突。在马特和他的几个团队成员讨论之后，他很明显地发现团队成员之间出现了误解和沟通失误。

在同一周，马特宣布项目"暂停"，并安排了一个下午的"团队沟通"会议，会议将在第二天举行。为了开好这个会议，他要求所有团队成员提前做好准备，分享他们对项目迄今为止的喜欢和享受，他们最大的不足或担忧，以及他们希望从其他人那里听到的关于他们人际互动的反馈。这是一个圆桌会议，每个团队成员将轮流分享其观点和接受反馈。会上，马特明确了流程，制定了基本规则，甚至让团队做了一次练习，以确保每个人都了解整个流程。然后，他离开了圆桌会议，让他的团队成员有机会坦诚地交流。后来他加入了团队，听取了结果。然而，结果并不是本案例的重点。

在任何项目中，偶尔会遇到团队误会、沟通失误和轻微冲突，这都是正常的。就个人而言，每次事件通常都不会造成明显的损害，因此常常被忽视或容忍。但是，这些小小的误解和沟通失误会随着时间的推移而积累和恶化，环会慢慢缩小。你的工作是防止这些小事件的影响变得更大，这就需要团队透明度和学习。公开和诚实的团队反馈会议对于宣泄团队成员的不满和减少团队挫折及问题非常重要。为了团队的利益，组织应促进诚实的反馈和透明度，同时，团队成员通过缓解环中的紧张、压力和焦虑的流程来共同学习。你可以开玩笑地称之为"团体治疗"，但这是建立更好的团队信任、透明度和包容性的成熟过程。

> 公开和诚实的团队反馈会议对于宣泄团队成员的不满和减少团队挫折及问题非常重要。

重视个性

团队是一群为共同目标而共同努力的独特个体。包容性团队认识到，团队合作需要共同的价值观、流程和行为，但这并不意味着你应该压制自己的个性和放弃独立思考。最终目标是你的个人利益（"我"）和团队的利益（"我们"）是一致的，当团队赢了时，你也赢了——二者是一种双赢的关系。

为了在团队中实现双赢，了解团队成员的价值观、多样性、动机、积极性、好恶非常重要，如图3.7所示。如前所述，了解团队成员的不同性格类型是一个很好的开始。

低		高
团队成员不知道什么能提高/降低他人的积极性；"你对我说什么"	←重视个性→	团队成员知道什么能提高/降低他人的积极性；"我对你说什么"

图3.7 以他人希望被对待的方式对待他人

示例 一位企业主雇用了一个当地承包商来升级他办公室的照明系统。他想在他的工作区安装嵌入式LED灯。承包商将在企业主出差期间安装新的照明设备。第二周,企业主结束行程返回,并在办公室与承包商会面,听取关于新照明系统的简要介绍。承包商自豪地展示了他的工艺和办公室照明系统的巨大改进。当企业主试图打开工作区的灯时,他找不到电灯开关。承包商笑了一下,说他已经把开关移到墙上"更好"的位置。当企业主询问新位置时,承包商说:"相信我,这是个更好的位置。你知道,我把这里当成了自己的办公室。这充分说明了我对工作的重视程度。"企业主深吸了一口气说:"我很感谢你的考虑,但我是在这间办公室工作的人,我更愿意把电灯开关放在这里(指向原来的位置)。你觉得什么时候能改回去?"

这个案例是关于重视个性的——对你有意义的东西对别人可能没有意义,你认为正确的东西别人可能认为不正确。重视个性并不是以你想要的方式对待别人,而是要以别人想要被对待的方式来对待他们。重视个性的包容性团队会根据他人的喜好调整自己的行为,反之亦然。

在"我＞我们"的团队中,人们不去了解别人喜欢如何被对待,或者他们对调整自己的行为以适应对方不感兴趣。这种心态更多的是一种"我遵守黄金法则——我以我想要的方式对待别人",或者"如果你不喜欢我对待你的方式,那是你的问题,不是我的问题"。

高度包容的团队文化是什么样的

通过观察团队成员之间的互动,尤其是在出现混乱和变化时,你会知道建立包容性团队文化的努力是否有效。你应该能够听到、看到和感觉到团队成员的诚实、尊重、关心、动机和信心。此外,团队还展示了六种包容性行为——相互信任、相互依赖、责任感、透明度、学习和重视个性。

这六种关键行为是团队行为，能够激励团队成员首先考虑他人，并要求每个人都去践行。

人们被团队吸引，是为了获得乐趣和友情（认同感和归属感）、幸福（舒适感和幸福感）和支持（结构性和稳定性），但促使个人留在环中的是一种信念，即协同工作也能实现个人抱负。这是一种"我们>我"的态度，是一种"双赢"的目标，团队和团队成员都得到了各自想要的东西。一个高度包容的团队认识到，团队成员不仅仅是应该以同样的方式思考、行动和对待的员工。事实上，一视同仁是排斥性的——你不允许员工表达他们是谁。别忘了，每个人都是独一无二的，有着不同的背景和特殊的技能、知识、才能和经验。因此，在我们最终的高度成功的团队模型中，每个团队成员都由不同的字母代表，如图3.8所示。

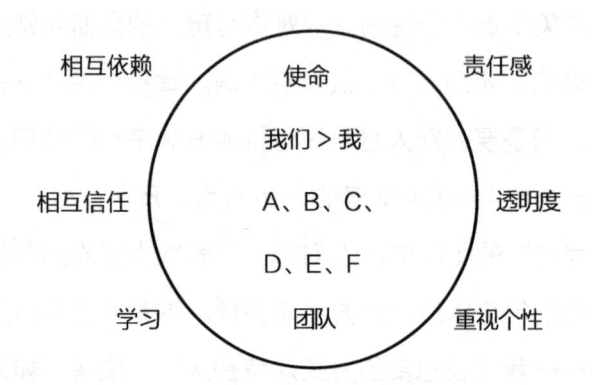

A、B、C、D、E、F代表不同的团队成员

图3.8　高度成功的团队模型

对一些人来说，团队环和六种包容性行为似乎有点儿理想化，应用于你的工作环境可能需要一段时间。然而，本章的重点是展示什么是可能的，并激励你朝着更"高"的标准前进，因为你知道这代表着建立一个高度成功团队的最终标准。

技能3记忆卡

> **建立高度成功的团队**
> **创建一个包容性的"环"**
>
> 1. 构建"环"：团队接纳、归属感、互联和安全
> 2. 有团队使命：建立明确而鼓舞人心的共同目标
> 3. 了解员工的性格类型：了解是什么驱使员工进入和离开环
> 4. 培育"我们>我"的文化：团队优先——"我们"是统一的，"我"是分裂的
> 5. 记住金枪鱼三明治：包容能够防止冲突；用"你—我—我们"三明治来建立合作
> 6. 练习六种包容性行为：
>   - 相互信任 ——我们假定每个人都有良好的意图，并以团队的最佳利益为出发点
>   - 相互依赖 ——我们作为一个整体一起工作，没有人单独工作
>   - 责任感 ——一个人的失败就是所有人的失败，我们寻求解决方案，而不是指责
>   - 透明度 ——我们表达我们行动背后的动机是为了团队的利益，而不是为了我们自己
>   - 学习 ——我们乐于分享一切：信息、知识、工具和技能
>   - 重视个性 ——我们以他们希望被对待的方式对待他人

技能3总结

技能3可帮助你建立一个高度成功的团队。团队的定义是一群人共同工作，通过卓越的协作、团队承诺和无私的行为来满足和超越干系人的期望。

建立高度成功的团队最重要的人力因素是团队包容性，这意味着拥有一个能让团队成员感到被接受、被包容、被尊重、被关联、被认可和被重视的团队。这是一种处于环中的状态，感觉到联系、了解、重视和激励。没有人喜欢被拒绝、被排斥，但这种情况在职场经常发生。被排斥可能是导致员工工作不愉快的最大原因，被认为是团队效能的"无形杀手"。

环代表了一个接受、归属、互联和共享目标的地方。它就像你的第二个家——一个充满安全、信任、乐趣、友情和支持的地方。包容性来自一种共同的信念，即团队优先，我们为彼此工作，没有人比团队更重要——一种"我们胜过我"（我们>我）的态度。要实现团队的包容性，就需要团队成员朝着一个共同的目标不断地、协调一致地努力。除非你有一个具有统一目标的包容性团队，否则你不可能拥有一个高度成功的团队。

包容性需要付出额外的努力和精力，而这并不是员工作为一个团队聚在一起时自然而然发生的事情。团队是由不同的人、不同的想法和不同的风格组成的真正的"大熔炉"。作为一名团队领导者，你的工作是融合个人的不同背景、技能、才能和抱负，创建一个具有共同信念和目标的单一、专注的团队。

显然，项目经理的最终挑战是创建包容的团队文化和精神，在这种文化和精神中，"我们"胜过"我"，个人和团队的成功真正地联系在一起（双赢）。创建包容的团队文化需要六种关键的团队行为：相互信任、相互依赖、责任感、透明度、学习和重视个性。

毫无疑问，在任何组织中，最重要的资源是人。无论你是管理业务、团队还是项目，你都希望最大限度地提高员工的承诺和产出。一个团队的理想状态是，每个人都处于他的最佳状态，并感到有动力、受尊重、被认可和相互关联。实现这种状态需要大量的时间、努力和牺牲，但使项目和团队成功的一个人力因素是团队包容性。

第4章

如何转变员工的态度、提升员工的幸福感和绩效

你可以在任何一个组织中找到一些功能强大的团队。强大的领导力、令人信服的愿景、良好的资源、有效的流程、优秀的人才和包容性的行为，这些因素结合在一起，你就可以取得卓越的成果。我们已经确定行为能够驱动团队绩效，六种关键团队行为分别是相互信任、相互依赖、责任感、透明度、学习和重视个性。这些行为对于防止排斥、减少冲突和维护"环"非常重要，但是如何最大限度地提升人们的绩效呢？在需要的时候从员工那里得到额外的、自发的努力的秘诀是什么？此外，新一代的职场员工想要的不仅仅是富有挑战性的项目、团队友谊和高薪水。你如何让员工对他们的工作感到高兴和满意？你如何确保持续的高团队承诺？当工作变得有点乏味时，你如何激励团队？这些都将是我们在技能4中讨论的一些问题。

案例 4.1

冰激凌蛋筒——保持良好态度的重要性

这个故事的主人公是一个名叫查理的小男孩，他喜欢吃冰激凌。查理上五年级时就读于当地一所文法学校，学校离他家很近，每天他都可以步行上学。当查理在学校表现良好并完成每周的家务时，他妈妈会在周五早早下班，开车去学校，并在放学后带他去玩具店或冰激凌店给他一个惊喜。查理喜欢这两个地方，在一个温暖的下午没有什么比冰激凌更好的了。

附近的冰激凌店是一家小商店，有一个大玻璃门面，它的霓虹灯招牌上有冰激凌、奶昔的广告，玻璃橱窗上装饰着彩绘的彩虹和气球，以此吸引顾客。店主总是站在后面柜台和前面冰激凌柜之间的过道上，在顾客的注视下舀一大勺冰激凌放入蛋筒。在冰激凌柜后面是一个长长的柜台，上面放着搅拌机、玻璃器皿、冰激凌用的蛋筒、银器,以及装有巧克力糖浆、坚果、樱桃、碎菠萝、香蕉和巧克力粉的容器。但冰激凌店最棒的不是装饰、配料、冰激凌,而是氛围——这里充满了快乐、兴奋、欢笑、活力,以及由糖果、冰激凌及其他甜味配料等带来的香气。只要在那里,就给人带来快乐的、激动人心的体验。

这天,查理和他的妈妈点了他们的最爱——查理的是装在蛋筒里的巧克力冰激凌,妈妈的是装在杯子里的草莓冰激凌。店主熟练地把一大勺巧克力冰激凌装在蛋筒里,把喜悦传递给了焦急的男孩。得到冰激凌蛋筒感觉真好。不管你的年龄多大,得到冰激凌蛋筒的过程、期待和喜悦都是生活中的愉快时光。

当查理拿到他的冰激凌时,他的妈妈告诉他:"查理,在冰激凌沾上你的衣服之前,去拿一张餐巾纸。"听话的查理冲到餐巾纸盒前,但当他用一只手去抽出餐巾纸时,另一只手倒垂,导致他的冰激凌掉到了地上。慌乱中,他想从地上捡起冰激凌,但他妈妈拦住他说:"别碰那个。现在我们不得不扔掉它。"当男孩伤心地看着他的空蛋筒时,他妈妈说:"我很遗憾,你的冰激凌掉到了地上,但你应该永远记住保持蛋筒朝上。"查理试图做正确的事,但他的冰激凌掉到了地上。上一秒他还高兴地拿着一个冰激凌蛋筒,下一秒却失望、沮丧地拿着一个空的蛋筒。

男孩低头看着掉在地上的冰激凌大声说:"这不公平,妈妈——你让我拿餐巾纸,结果冰激凌掉到了地上!"当他愤怒地想扔掉他的蛋筒时,他妈妈拦住他说:"查理,不要扔掉你的蛋筒。如果你这样做了,你就再也吃不到冰激凌了。你不想吃冰激凌吗?"查理连忙说:"妈妈,你什么意思?"她回答说:"我们先把地上的冰激凌清理干净,然后你把你的蛋筒带到那边那个好心人面前,告诉他发生了什么事。"查理清理完地上的冰激凌,慢慢地走到柜台前,把他的故事告诉了店主。店主同情地笑了笑,感谢男孩把地上的冰激凌收拾干净，并优雅地将另一勺巧克力冰激凌添到了他的空蛋筒中。查理松了一口气，恢复了精神，又高兴起来了。

查理的妈妈感谢了好心的店主。离开商店时，她对儿子说："现在，别忘了……"还没等她说完，查理就说："我知道，妈妈，保持我的蛋筒朝上。"母亲转身对儿子说："没错，查理。但更重要的是，每当冰激凌掉在了地上或者发生了什么不好的事情，不要生气，不要责怪别人，也不要扔掉你的蛋筒——那太糟糕了。当不好的事发生时不要做出不好的行为，那只会让事情变得更糟。当不好的事情发生时，做些好事，结果会更好。谢谢你把地上的冰激凌清理干净，并告诉店主发生了什么事。""我得到了我的冰激凌！"查理回答。"是的，查理。你做得很好。"

> 当不好的事发生时不要做出不好的行为，那只会让事情变得更糟。当不好的事情发生时，做些好事，结果会更好。

故事的教训

这个故事表明，无论是在冰激凌店还是在工作中，人们很自然地都会有好的和不好的经历，而决定人们对好事或坏事做出何种反应的一个人力因素就是他们的态度。态度对人们的表现有很大的影响；人们的态度无处不在，并表现在他们的行为中。团队领导者在管理员工的态度和动机方面发挥着至关重要的作用。查理的故事包含了管理员工在工作中的态度和行为的五个关键教训。

每个人都喜欢得到冰激凌奖励

查理因表现好而得到了冰激凌奖励。冰激凌能带来愉悦和乐趣。每个人都喜欢和渴望冰激凌。在任何工作场所，你都会发现员工努力工作、提出新的想法，并为他们的团队和组织做出贡献，就是希望能因此得到关注、表扬，并获得"冰激凌"奖励。在这个新模型中，"冰激凌"象征着表扬、认可、承认、鼓励、尊重、感激、肯定及其他积极的情绪。查理得到"冰激凌"奖励的方式不止一种，除了冰激凌奖励，他也得到了妈妈和冰激凌店店主的善待。员工满意度在很大程度上取决于奖励、认可，以及上司和其他人在工作中如何对待他们。作为团队领导者，正确对待员工并给予应有的认可（冰激凌）是提升员工幸福感、动力和团队绩效的有效途径。

一个优秀的团队领导者是让他人自我感觉良好的人。查理喜欢他妈妈早早下班给他惊喜，并因为他表现好奖励他吃冰激凌。每当人们得到表扬、欣赏、尊重等奖励（冰激凌）时，他们就会自我感觉良好。冰激凌之所以如此令人振奋，除了冰激凌本身，还有人们对得到冰激凌的兴奋和期待的感觉。这种兴奋和期待的感觉反映在员工的态度上。在这个故事中，查理的感觉反映在他的蛋筒上。蛋筒象征一个人的态度。好的事情发生在查理把蛋筒保持向上的时候，而坏的事情发生在他把蛋筒倾斜的时候。每个人在生活中都拿着一个蛋筒，希望能得到一些冰激凌，当你的蛋筒装满冰激凌时，这意味着肯定、认可和舒适。你觉得受到了良好的对待，你很快乐。

> 一个优秀的团队领导者是让他人自我感觉良好的人。

好的事情发生在你把蛋筒保持向上的时候

正如我们在查理身上看到的，当事情变得糟糕时，如果你想扔掉自己的蛋筒（消极的态度），你会消沉、愤怒、沮丧，并为自己感到难过。而如果你能保持蛋筒向上（积极的态度），你就能面对问题，寻找原因，并从中吸取教训。此外，它带给你希望，即好的事情仍然可以发生，你已经准备好，能够接受好的或更好的结果——就像另一勺冰激凌。当你保持蛋筒向上时，好的事情会发生且你会得到更好的对待。作为团队领导者，要帮助员工保持他们的态度（蛋筒）积极向上，即使发生了不好的事情。

事情发生了——你之后做什么才是最重要的

不公平的事情发生在工作场所，员工会感到痛苦、沮丧和愤怒。当员工觉得自己是受害者时，他们会大发雷霆，采取防御措施，并指责他人，这种情况并不少见。查理把他的不幸归咎于他妈妈，他想把冰激凌留在地板上，扔掉蛋筒，然后离开。在职场中，这些负面情绪会导致回避、争执和被动攻击行为。不公平的事情发生在工作中，然而，最重要的不是发生了什么，而是后来你做了什么。你不可能总是控制你行为的结果，但你可以控制你随后的态度和行为。作为团队领导者，你不可能阻止所有导致个人不公平的情况的发生，但你能影响结果以及员工如何应对糟糕的结果。你可以选择生闷气，责怪他人，在不好的事情发生后做出不好的行为，你也可以选择抱着积极的态度，表现得富有成效和负责任。正如查理的妈妈所说："当不好的事情发生时，不要做出不好的行为，那只会让事情变得更糟。当不好的事情发生时，做出好的行为，结果会更好。"

当干得好却得不到回报时，员工会感到失落

当查理的冰激凌掉到地上时，他顷刻间觉得很难过。他的态度变得消极起来，他觉得受到的惩罚多于表扬。他感到很沮丧，站在那里拿着一个没有冰激凌的空蛋筒——查理很"失落"。失落感发生于你干得好并期望得到回报，但冰激凌永远不会到来，只留下你拿着一个空蛋筒时，这让你感到悲伤和失望。

第4章 如何转变员工的态度、提升员工的幸福感和绩效

> 失落感发生于你干得好并期望得到回报，但冰激凌永远不会到来，只留下你拿着一个空蛋筒时，这让你感到悲伤和失望。

失落感也常常出现在工作中。人们做正确的事情，遵循指引，表现出正确的行为，但由于运气不好或被视而不见，他们的良好努力被忽视或低估。缺乏认可和欣赏是人们对工作不满和气馁的主要原因之一。

示例

紧急报告。你的经理要求你在周末加班，为客户完成一份重要的报告。周一早上，你将完成的10页报告准时通过电子邮件发送给了他。在看到你的经理没有后续回复后，你很想知道他是否收到了邮件，你的努力是否得到了认可。你给你的经理发短信，他回答说："是的，我收到了。第6页有个排版错误，有几页的页眉也错了，请尽快纠正。"你非常失落——没有得到"冰激凌"。

削减成本。你的经理制定了一项新的降低成本的政策，通过让员工住在低成本的酒店来节省差旅费用。三个月后，她想知道新政策的执行情况，并预约与你会面。你从你的团队中收集反馈，发现你的员工对新的差旅政策非常不满——折扣酒店离他们的客户更远，房间内的噪音更大，这导致员工睡眠不好和压力更大。此外，由于额外的交通成本和各种不便，节省的成本微乎其微。在会议上，你公开、坦诚地向你的经理传达了不利的消息，经理回答说："你们被宠坏了，听到这个消息我一点儿也不惊讶。你们的薪水很高，待遇也很好，但当要求你们为了公司的利益做出一点儿牺牲时，你们却抱怨不已。为什么你们团队的态度这么差？"你的开诚布公和努力没有得到认可，你没有得到"冰激凌"，你很失落。

培训想法。团队召开会议，探讨如何改进关于公司内部电子邮件和信

息系统的新员工培训。尽管你的大多数同事认为起草和提出想法是不值得的，但你主动承担责任并花费了额外的时间来研究，与该领域的专家交谈，并草拟了一些想法在会议上分享。在你提出自己的想法后，团队成员认为大多数想法"太过分了""太贵了""不合标准"。就在你准备解释你的想法时，项目经理走进房间宣布："我们不要在这个问题上浪费时间了；在深入考虑这个问题之后，我想我要向IT部门寻求内部帮助来开发培训计划。你们怎么认为？"大家纷纷称赞项目经理的想法，除了你，每个人都很高兴。只剩你，手里拿着一个空蛋筒，很失落。

这些简短的案例虽然令人沮丧，却是真实的。在工作中，当你的想法被忽略、你的工作被忽视、你的成就得不到认可、你未被给予新的机会，或者你觉得受到了不公平的对待时，你会感到失落。当员工不被尊重、被背叛、被批评、被指责、被低估和被过细管理时，他们会感到失落。众所周知，麻木不仁、糟糕的人际交往行为和粗暴对待会使任何工作失去乐趣。对员工来说，找到工作中感到空虚或沮丧的原因并不难。但作为团队领导者，你可以通过更多的"冰激凌"（表扬、尊重、感谢、认同、鼓励）来激励和认可员工，不让员工感到失落，从而让他们发挥重要的作用。在大多数工作场所，员工都把"蛋筒"举得很高，做好准备并希望得到"冰激凌"。遗憾的是，他们的"蛋筒"并不像他们所希望的那样经常被填满，但你可以学着去填满"蛋筒"。

奖励行为而不是结果

不愉快的经历会发生在好地方、好心的好人身上。一个小男孩在拿餐巾纸取悦他妈妈时把冰激凌掉在了地上，就好比一个员工为解决一个关键客户的优先问题放弃了一项个人任务而被训斥。员工认为自己做的事情是对的，但有时带来的并不是理想的结果。作为团队领导者，你应该关注行为而不是结果。你可以控制自己的行为，但不一定能控制结果。即使结果不好，也要识别员工好的行为，并承担责任，而不是责备员工。查理的妈妈让儿子负责清理干净地上的冰激凌，而不是争论谁该受责备。从长远来看，保持你的蛋筒向上（积极向上）和做正确的事情会增加你获得好结果的可能性。

总结

查理的故事阐明了许多关于人们态度和动机的原理：每个人都喜欢得到冰激凌奖励；好的事情发生在你把蛋筒保持向上的时候，事情发生了——你之后做什么才是最重要的；当干得好却得不到回报时，员工会感到失落；奖励行为而不是结果。我们现在将以这些概念为基础，展示如何应用它们来转变员工在职场中的态度。

员工不同的态度水平

团队领导者必须了解员工的态度、动机和绩效之间的关系。在下面的章节中，我们将使用冰激凌蛋筒模型帮助你形象化和识别不同员工的态度水平，了解是什么驱动了员工积极和消极的态度、低绩效和高绩效，并学习如何转变员工的态度，提升员工的幸福感和绩效。在我们的冰激凌蛋筒模型（见图4.1）中，蛋筒顶部是圆形的、开放的，并在向底部下降时逐渐变窄和闭合。怎么拿蛋筒——朝上、朝下或朝其他方向——取决于你的态度。当然，当蛋筒中填满冰激凌时，你更倾向于让蛋筒保持向上。你如何拿蛋筒是关于你态度的隐喻。保持你的蛋筒向上就是保持积极、自信、敢于尝试的态度，类似于保持你的下巴上扬。向上（积极）或向下（消极）是一种有意识的选择——你可以随时改变你的态度。

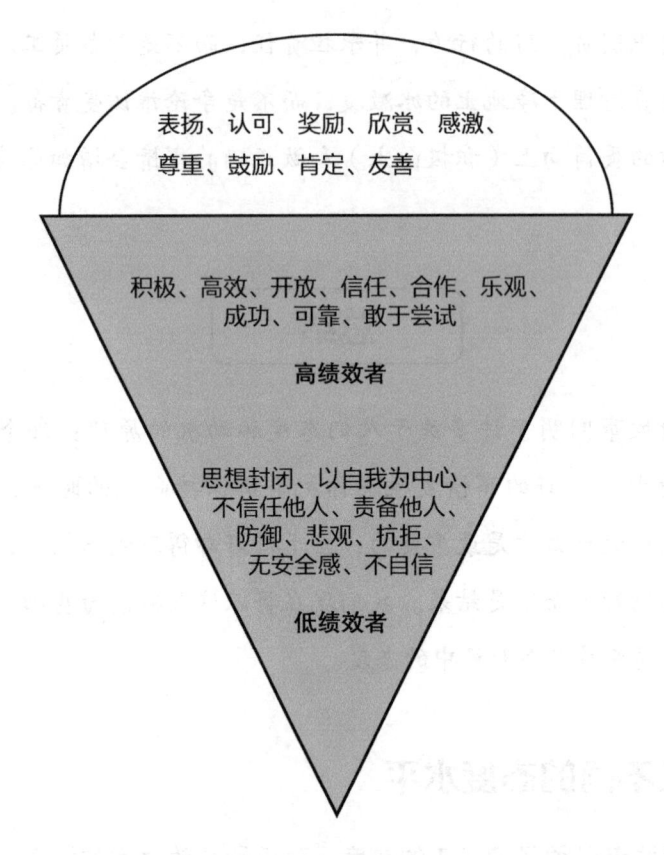

```
                    _____
                   /           \
                  /  表扬、认可、奖励、欣赏、感激、\
                 /   尊重、鼓励、肯定、友善        \
                /_____\
                \                                 /
                 \   积极、高效、开放、信任、合作、乐观、/
                  \  成功、可靠、敢于尝试          /
                   \      高绩效者               /
                    \                           /
                     \                         /
                      \  思想封闭、以自我为中心、/
                       \ 不信任他人、责备他人、/
                        \ 防御、悲观、抗拒、   /
                         \无安全感、不自信     /
                          \   低绩效者       /
                           \               /
                            \             /
                             \           /
                              \         /
                               \       /
                                \     /
                                 \   /
                                  \ /
```

图4.1 冰激凌蛋筒模型

冰激凌蛋筒有三层——蛋筒下部、蛋筒上部及顶部的冰激凌，每一层都代表了你态度的不同方面。

▲ 当你在精神上处于蛋筒上部时，你会显得"向上"、积极、肯干、开放、信任、透明、合作和多产出。你的思想开放，就像蛋筒大且开放的上部。这是高绩效者的共同特征。

▲ 当你在精神上处于蛋筒下部并感到失落、沮丧时，你会带着消极、思想封闭、怀疑和排斥的态度。当你的态度随着蛋筒进一步向下时，封闭和缺乏透明度是很常见的。蛋筒的下部小而窄，代表着排斥和缺乏透明度。这是低绩效者的共同特征。

▲ 当你的蛋筒填满冰激凌时，你会非常有动力。你感受到赞扬、尊重

和重视。你是成功的和满足的。拥有一个装满冰激凌的蛋筒意味着你被认可，你感到满意和快乐。你感觉自己是表现最好的人。

为什么这个冰激凌蛋筒模型是团队领导者必不可少的技能？众所周知，态度对人们如何工作及与他人互动有很大影响。态度是一个关键的人力因素，它取决于你如何被他人，特别是你的主管对待。你如何对待员工，以及你为维持期望的行为而采取的行动会迅速影响其他人的态度。冰激凌蛋筒的三个层次不是孤立的，而是连续的。你的情绪和态度可以上下循环，正如查理在得到和失去冰激凌时所经历的那样。正如我们将在这个模型和后面的技能5中进一步讨论的那样，你必须知道是什么让人们兴奋和沮丧，并努力让每个人保持正向和积极的态度。你的挑战是尽量减少人们在蛋筒下部的时间，并最大限度地延长他们在蛋筒上部的时间。这需要敏锐的意识和良好的技能。

> 你的挑战是尽量减少人们在蛋筒下部的时间，并最大限度地延长他们在蛋筒上部的时间。

是什么驱动了员工积极和消极的态度

当人们感到被欣赏、有成就感、受到良好对待时，他们的绩效会更高。即使事情进展不顺利，人们也能保持积极、敢于尝试的态度。能不能保持积极的态度和帮助他人对自己和自己的工作感觉良好，是好的领导者和坏的领导者以及高绩效团队和低绩效团队间的关键区别。那些敢于尝试、自信、合作、乐观的态度来自反复被认可的成就。

相反，当人们觉得自己业绩不佳、不成功、不被认可时，就会变得失落、悲观、无动力、无安全感和消极。结果就是，他们不断退缩，变得更加狭隘和自我保护，并沉入蛋筒的下部。没有任何冰激凌，他们对冒险、尝试新想法和改变不太感兴趣。当动力下降时，人们倾向于不投入。你可以通过向员工提供冰激凌来抵消这种下降——冰激凌在心理上将人们转移到蛋筒的上部。

重要的是要认识到低绩效者和高绩效者的特点，以及他们如何拿各自的蛋筒。

低绩效者

态度糟糕的人失去了对冰激凌的渴望和获得成就的动力。他们安于现状，倾向于做最低限度的事情，并将他们的食欲不振（热情不再）归因于外部因素，声称"这项工作很无聊""付出额外努力是不值得的""无论如何没有人听我的""我说什么都没关系"。他们是典型的低绩效者。更糟糕的是，低绩效者的容忍度较低，容易陷入困境并对工作中的其他人产生不利影响。他们越消极，就越不满，越不投入，越难相处。他们不想显露自己，所以他们更喜欢深藏于蛋筒下部。

糟糕的态度是一种习得行为。当遇到那些态度不好的人时，你经常会发现他们的态度是被过去的失望和不被善待所改变的。由于他们自己的行为（导致精神包袱、遗憾、痛苦）或他人的行为（如过度批评、责骂型上司），他们对工作的热情很可能在这样的过程中一直降低。他们学会了，保持不投入和不冒险是更安全的。

低绩效者不是坏人，并且他们通常希望表现得更好。项目经理可以通过为消极员工前行提供安全的环境来发挥作用并激发员工的积极性。你无法读懂人们的想法，但你可以鼓励员工在事情对他们不利的时候继续前行。如果你有兴趣知道如何纠正低绩效者，请参阅技能5。

高绩效者

态度良好的人的积极性通常很高，他们自信并希望把事情做好。他们与他人合作良好，喜欢在团队中工作，并始终满足团队的高期望。他们有敢于尝试、肯投入的态度。高产出、重承诺、合作、开放和工作质量高的员工被称为高绩效员工。他们是任何组织的支柱，每天努力工作以获得冰激凌，这激励他们把工作做得更好。你不可能有足够多的高绩效员工。

如何转变员工的态度和提高团队绩效

当事情进展顺利并且工作成功时，做一名优秀的项目经理很容易；当期望没有得到满足，并且员工感到过度劳累和沮丧时，情况要困难得多。你多久帮助员工保持蛋筒向上（良好的态度和动力），特别是当事情变得艰难时？当每个人都成功时（很多装满冰激凌的蛋筒），人们感觉都很好，但当事情变得糟糕并且人们感到压力时，他们有可能丢掉蛋筒并感到沮丧。此外，当事情进展不顺利时，糟糕的团队领导者不仅不会提供冰激凌，他们还通过批评、指责、恐吓和羞辱而不是鼓励来打掉员工手中的蛋筒。查理的妈妈介入了查理的小事故，帮助他回到了积极的轨道上，没有因为他的注意力不集中而指责他，这为每个人都带来了回报。

> 当事情进展不顺利时，糟糕的团队领导者不仅不会提供冰激凌，他们还通过批评、指责、恐吓和羞辱而不是鼓励来打掉员工手中的蛋筒。

在工作中的暴风雨时期，团队领导者帮助员工重拾自信和恢复前进的动力很重要。当好员工遇到坏的事情时，好的团队领导者会介入，鼓励并帮助他们恢复信心、重获希望。如果他们的蛋筒保持向上，员工很有可能会继续做出贡献。

> 案例 4.2

手指割伤——关注行为而不是结果

苏珊是某公司研发团队的初级成员，专门从事润滑剂和润滑油的研发。她的团队在郊区经营着一家试点工厂，苏珊的职责之一是在实验室和试点工厂之间来回运送测试样本。这不是最激动人心的工作，但苏珊喜欢它，并展现出她的渴望和热情。

对公司来说，员工安全被认为是重中之重。为了支持这一优先事项，管理层每年都会为没有工伤和车祸的团队发放奖金。已接近年底，苏珊的研发团队即将获得零事故安全奖。然而，当天晚些时候，当她带着样本去试点工厂时，其中一个样品罐破裂，她在捡拾时手指被割伤了。伤口很小，但她无法止血，于是到医务室接受治疗。在那里，她问护士："这需要报告吗？"护士回答说："如果流血，就需要报告。"苏珊不情愿地填写了一份受伤事故表格。当她回到实验室时，有几名团队成员听说了她受伤的事，马上表示失望并质疑苏珊的行为——"你为什么去就医？""你为什么要填写表格？""你知道你的行为会导致我们的奖金被取消吗？"苏珊对此感觉很糟糕，向团队成员道歉后，她只想回家。在离开之前，她想她最好让她的主管罗德知道发生了什么。罗德是一个非常严厉的人，特别是在安全方面。

苏珊去罗德的办公室，轻轻地敲门，说："我可以进来吗，罗德？有一些你应该知道的事情。"罗德示意她进来，问："好的，我应该知道什么？"苏珊做了个深呼吸，郑重地说："我搞砸了，罗德。我做了可怕的事，是我的错，我觉得我让每个人都失望了。"罗德打断她："那么告诉我你做了什么可怕的事。"苏珊的声音有些颤抖，深感懊悔地说："我的手指被一个破的样品罐割伤了，不得不去医务室包扎，并且需要向上报告。"苏珊已经为最糟糕的情况做好了准备。罗德看着苏珊，立即问："你的手指没事吧？""嗯，手指很好，但手指割伤和向上报告让我感觉非常糟糕——我的行为很愚蠢，这意味着我们失去了奖金。我很抱歉。"罗德直视苏珊的眼睛，说："苏珊，我很高兴你的伤口很小。请小心。我知道关于这件事团队成员会有些抱怨，但他们会克服它。你没有理由感觉糟糕。你做得对，我完全支持你做的事。""真的吗？"苏珊说。罗德继续说："你做得很好——你遵守了公司的程序。谢谢你。但请帮我个忙，联系我们的安全官员，回顾一下所发生的事，然后与我们分享你学到了什么，以便将来我们可以预防这种情况发生。"苏珊走出罗德办公室时的感觉与她走进去时相比，一个天上，一个地下。

故事的教训

这个故事强化了关于态度重要性的几个关键经验教训。

▲ **你的态度就像一个蛋筒。** 苏珊的态度很好，但就像查理的故事一样，突然就变了，原因是一个小事故，她"搞砸了"并且"让每个人失望"——她感觉很糟糕。毫无疑问，这影响了她的情绪和行为。坏事会发生在好人身上。

▲ **当他们好的行为得不到回报时，人们会感到失落。** 无事故奖金是安全行为的良好激励，苏珊的事让大家感到失落（今年没有冰激凌了），并表达了他们的失望。

▲ **当你保持蛋筒向上时会发生好的事情。** 苏珊想摆脱这种状况，但仍抓住机会向她的主管报告了这件事。她很失落，但她没有躲避——她本可以闭口不提并回家，但她保持了积极的态度，向公司、团队

和主管报告了事故。

▲ **事情发生后你做什么才是最重要的——奖励行为而不是结果。** 罗德不希望苏珊受伤,这个结果对他的团队不利,但他一直强调她受伤后的行为而不是结果。正如罗德所说,"你做了正确的事",并且"遵守了公司程序"。事故可以预防吗?苏珊对样品罐的处理是否不安全?在对事件进行回顾之前,罗德没有对苏珊或事件进行评判。此外,罗德明白,一般人可能会试图掩盖受伤的事,但苏珊以正确的方式回应了——这是最重要的。

▲ **一个优秀的团队领导者是让他人自我感觉良好的人。** 罗德本可以大喊大叫,责备苏珊,并因受伤和上报而将她的蛋筒打掉,但他做得很好。当好员工遇到坏事时,好的团队领导者会介入,鼓励他们,帮助他们恢复信心、重获希望。

总结

尽管她失去了冰激凌(没有奖金)并让她的团队失望,但苏珊保持了她的蛋筒向上,随后像查理一样得到了奖励,并从她的主管那里获得了一种特殊的冰激凌(安慰、积极的反馈和善意)。有时你能给别人的最好的冰激凌就是你的鼓励、耐心、倾听和宽恕。苏珊在与罗德会面后感到被激励,但更重要的是,对罗德的鼓励和支持的记忆和感受将比奖金的损失更长久。人们总是记得他们在困难时期如何被对待。记住,坏的事情会发生,最重要的是事情发生后你做什么——苏珊和罗德在事故发生后都表现得令人钦佩。

> 有时你能给别人的最好的冰激凌就是你的鼓励、耐心、倾听和宽恕。

转变员工的态度

你可以通过四种方式帮助人们保持自己的蛋筒向上：责任、机会、鼓励和认可。通常，向员工提供新的责任和机会是你在工作执行之前所做的；鼓励员工是你在工作期间所做的；给予认可是你在工作期间和之后所做的。

▲ **责任**：员工需要感到自己重要，有参与感和挑战性。为员工提供有意义的工作有助于他们感受到自身的价值，与工作的相关性，从而提高他们的自尊心。当你赋予员工责任时，它会强化员工的责任意识并发出强烈的信任信息。

▲ **机会**：每个员工都在寻求持续学习、持续成长和持续发展的机会。新的机会需要你的支持，帮助员工看到对他们、团队和组织的潜在利益，否则员工不会有动力去冒险。缺乏机会导致人们逐渐进入蛋筒下部的"舒适区"。他们的工作变成无望的循环。机会创造了希望，这是绩效最强大的动力之一。

▲ **鼓励**：任何项目最难的部分都发生在过程中。这是你经常遇到瓶颈和问题的地方，需要正确的技能、知识、经验及鼓励（最重要的）来解决这些问题。你必须是教练、培训师、导师、顾问和啦啦队队长，以帮助团队前进。正如苏珊的故事一样，在正确的时间，一句令人鼓舞的话对一个正在苦苦挣扎的员工意味着什么是令人惊讶的。但是，请记住，鼓励不仅意味着鼓舞士气的话，还需要就员工

的具体表现及你看到的改进机会提供建设性反馈。

▲ **认可**：给予员工肯定、赞扬和奖励是增加动力的有效方法。员工的一个基本需求是感到被接受、被需要和有价值。只要他们相信努力会得到回报，他们就会保持自己的蛋筒向上。对于项目经理来说，认可有助于强化期望的行为——得到认可的行为会被重复。这个主题将在第5章中进一步讨论。

如何以正确的方式对待他人以获得最大的影响力

你有没有在工作中给予员工冰激凌？当然，冰激凌蛋筒只是一个比喻，在工作中给予冰激凌的想法听起来很简单，但作为团队领导者，对你来说具有挑战性的问题是，你多久会给予员工认可？给予冰激凌可以带来三赢（就像技能1中讨论的过程），因为它可以保持员工的蛋筒向上（预期和态度），它是每个员工都想要的行为（得到冰激凌的喜悦），它增加了员工的希望，强化了员工的承诺（为获得更多而工作）。

为了提高员工和团队绩效并强化期望行为，请在工作中给予员工更多冰激凌。有许多不同类型的冰激凌你可以经常给员工提供（详见表4.1）。

所有冰激凌——无论是晋升、增加责任还是拍拍后背，可能短时间内看起来都很好，但最终会消失，并且往往很快会消失。好的团队领导者会注意到员工的态度，善于发现"融化"现象，并为员工的蛋筒补充不同口味的冰激凌。同时，员工的动力、精力和热情也会不时减弱。就像苏珊的故事一样，每个人在工作中都有好的和不好的经历。项目经理的职责就是帮助保持员工的蛋筒被冰激凌填满，并在需要时提供额外的激励。

表4.1 在工作中可提供的冰激凌

当场	个人	团队	特别
• "谢谢"礼物卡："今天我请你吃午饭！""晚餐我请！""请尽情享受甜点！""疯狂购物时间到！" • 感谢礼物：电影票、博物馆门票、共进午餐、免费冰激凌 • "时间礼物"通行证："在家工作"日、"早走"日、"休息一下"日、"公路旅行"日	• 无价之宝：用赞扬、尊重、赞美、积极反馈、倾听、鼓励、耐心、同理心来对待他人 • 定制礼品：给予符合个人偏好的认可 • 庆祝礼物：巧克力、水果、鲜花、特色午餐 • 体验奖励：旅行券、旅游、体育赛事、就餐体验 • 特权：专用停车位、健身会员、公车、公司信用卡	• 庆祝：特别团队午餐、烧烤、野餐、餐车活动、冰激凌社交 • 团队认可：在团队会议上大声说出来；管理层对团队的认可、客户对团队的认可、同事对同事的认可 • 社区服务项目：募捐、食品银行、玩具城、公园清理、学校资助 • 有趣的团队出游：去动物园、水族馆、博物馆、体育馆、剧场 • 共同学习：健身、烹饪、舞蹈、瑜伽 • 不同寻常：化装舞会、卡拉OK、寻宝	• 货币：奖金及加薪 • 地位：职位晋升、增加授权或责任、领导新项目 • 福利：更多假期、灵活的工作日或工作时间，商务旅行 • 职业提升：参加专业会议/讲座、学习新技能、领导力提升、交叉培训机会、指导
要避免的冰激凌类型			
小饰品、幽默证书、普通牌匾、令人讨厌的T恤、办公用具、迟到的认可、廉价的奖励、不真诚的赞扬、讽刺、有言外之意的赞美			

给予冰激凌的正确方法

提供冰激凌服务比简单地给予冰激凌要复杂得多。如果你曾经去过一家好的冰激凌店，你就知道提供冰激凌服务需要相应的技能和技巧，以创造美好的顾客体验。给予认可就像提供冰激凌服务一样，它需要良好的技能和技巧。

在2011年美国心理协会对1 546名美国员工的调查中，超过2/3（69%）

的成年就业者对他们的工作感到满意。然而，只有不到一半的员工（46%）对雇主的认可做法感到满意。此外，据观察，主管通常高估了他们认可员工的频率及其这样做的有效性。不是主管不认可和不奖励员工——他们只是做得不够好。

给予员工有效认可的关键是用勺子舀冰激凌时要：真诚（Sincerity）、一致（Consistency）、及时（On time）、符合价值观（On values）和个性化（Personalized）。

▲ **真诚**：害怕看起来不真诚是给予员工认可时常见的障碍——"我不喜欢给予认可，因为它经常看起来不真诚或虚伪"，或者"如果我给予太多认可，会淡化它的价值"。许多团队领导者没有意识到，他们的担忧可能是他们明显的不安全感和缺乏认可技能的借口。真诚的秘诀是：真诚要具体。你需要明确指出你喜欢员工工作中的哪部分。不要只说"干得好"或"谢谢你的演示"。这些都是模糊的、低价值的认可。更有效的说法是："在你的演示中，我喜欢你的创造性图形、整体数据摘要和六个结论。你讲得很清楚，节奏也合适，并且按时完成了——干得漂亮！"

▲ **一致**：在给予奖励和认可方面，员工会密切关注并记住你是如何对待他们和他人的。你不能有个人喜好，不能为相同的工作价值提供不同的福利或货币价值，或者仅奖励少数为成就做出贡献的人。你必须保持一致。此外，你不能与其他团队领导者不一致。

▲ **及时**：如果你没有及时给予冰激凌，你的认可的有效性和真诚性就会降低。最好的经验法则是在事情完成或成就达成后不迟于24小时内给予认可，最好是在现场。参考前面的例子，你可以说："谢谢你今天早上的精彩演示。我特别喜欢你的创造性图形、整体数据摘要和六个结论。你讲得很清楚，节奏也合适，并且按时完成了——干

第4章 如何转变员工的态度、提升员工的幸福感和绩效

得漂亮！"

▲ **符合价值观**：谈论团队价值观的最佳时机是你给予奖励和认可的时候。将特定价值观和期望行为与高绩效联系起来是实现组织价值观的有效方式。这将使价值观变得生动起来。价值观在被应用之前似乎并不重要。从根本上来说，团队的价值观应该成为组织中所有奖励和认可的基础。当成功故事和团队成就被记住时，价值观就会发展成为组织文化的一部分。

> 团队的价值观应该成为组织中所有奖励和认可的基础。

▲ **个性化**：更加个性化的认可在提高认可影响力方面发挥着巨大的作用。项目经理给予的认可无效的主要原因之一是员工认为奖励对他们个人没有意义。与金钱奖励不同，你可以使用两种方法个性化你的认可。

— **个性化员工的认可类型**：你可以通过确保认可类型被员工认为有价值并提供员工想要的东西来个性化你的认可。怎么办到？非常简单——问你的员工。当员工加入你的团队时，请询问他们希望如何被认可，什么让他们获得最大的满意度，以及哪种形式的认可对他们来说意义最大。准备好提供一些具体的例子。

一些员工更喜欢私下认可，其他员工则喜欢与他人庆祝他们的成就。员工可能更喜欢正式认可（正式信函、绩效评估）、额外休假、同伴认可（团队面前的口头认可）、象征性奖项（牌匾、成就证书）、感谢奖（鲜花、葡萄酒）或安静的个人认可（手写便签）。个性化你的认可会向员工发出强烈的信息，表明认可与他们有关，而不是与你有关。太多时候，认

可更多的是与给予者而不是接受者有关。

— **通过表达员工的工作对你的帮助来个性化认可**：在知道自己的辛勤工作给他人带来了不同并对组织产生了积极影响时，员工会非常自豪。此时你可以大声喊出来："你的工作很重要！"将此添加到我们刚才的示例中，你会说："谢谢你今天早上的出色演示。你的创造性图形和整体数据摘要将帮助我改进团队沟通，同时我同意你的六个主要结论，并计划在我们的业务计划中使用它们。你讲得很清楚，节奏也合适，并且按时完成了——干得漂亮！"

第4章 如何转变员工的态度、提升员工的幸福感和绩效

技能4记忆卡

转变员工的态度，提升员工的幸福感和绩效
给予员工"冰激凌"

---

1. 每个人都拿着一个反映自己态度、心情和观点的"冰激凌蛋筒"
2. 当你"保持蛋筒向上"时，好事就会发生
3. 冰激凌象征着表扬、认可、尊重、鼓励、感激和肯定
4. 一个优秀的团队领导者是让他人自我感觉良好的人
5. 当工作得不到认可或受到不公平对待时，员工会感到失落
6. 奖励行为而不是结果
7. 事情发生之后你做什么才是最重要的
8. 通过给予员工责任、机会、鼓励和认可来转变员工的态度
9. 用勺子舀冰激凌时要：
   - 真诚（S）：具体以体现真诚
   - 一致（C）：不要有倾向性或给予不平等的奖励
   - 及时（O）：及时给予认可
   - 符合价值观（O）：将团队价值观作为认可的关键标准
   - 个性化（P）：确保接受者感到有价值

技能4总结

员工的满意度高度依赖奖励、认可以及主管和其他人如何对待他们。作为团队领导者，正确对待他人并给予应有的认可（冰激凌）是提升员工幸福感、动力和团队绩效的有效方法。

技能4介绍了"冰激凌蛋筒"这一管理员工态度和动机方面的重要概念。蛋筒代表你的态度、观点和心情，冰激凌象征着赞美、认可、奖励、

111

The Eight Essential People Skills for Project Management

肯定、尊重、善意、欣赏和其他积极的感受。每个员工都拿着一个蛋筒，当他们努力工作并表现出期望的行为时，你希望用冰激凌填满员工的蛋筒。当员工感到受到赞赏、重视和认可时，他们处于最佳状态。

每个员工在工作中都有好的和不好的经历，项目经理的角色是帮助每个员工保持积极性和动力，特别是在糟糕的情况下。当事情进展顺利时，做一名优秀的项目经理很容易；当期望没有得到满足，员工感到过度劳累、不被重视时，情况要困难得多。态度是决定团队成功的最重要的人力因素之一。

在领导团队时，非常重要的是了解员工的不同态度，了解是什么驱动了员工积极和消极的态度，保持自己和团队积极的态度，并以正确的方式对待员工，以获得最大的影响力。这项技能使用冰激凌蛋筒作为视觉模型，以增强你对如何培养积极的团队态度的理解。帮助员工保持他们的蛋筒向上是你作为团队领导者的工作。

为了提升员工绩效，请在工作中提供更多冰激凌。重要的不是提供冰激凌本身，而是你给予冰激凌的方式和内容。用勺子舀冰激凌时要真诚（S）、一致（C）、及时（O）、符合价值观（O）和个性化（P）。冰激凌是你在职场中保持动力和热情的最佳工具。然而，工作压力、人际冲突和失望可以使任何工作失去乐趣。当员工感到不被尊重、被背叛、被批评、被不公平对待和被低估时，他们会感到失落和沮丧。

当不好的事发生，人们感到失落和沮丧时，好的团队领导者会介入并采取积极行动，帮助员工恢复信心、重获希望。作为团队领导者，你希望创造一个积极而有益的工作环境，让人们很高兴来工作，以及最重要的，让他们感到被认可并获得自己喜欢的冰激凌。最成功的团队领导者是那些让他人自我感觉良好的人。

第5章

如何搞定难相处的员工和绩效不佳的员工

在之前所讲的技能中，冰激凌蛋筒和手指受伤案例作为有价值的证据，证明态度是动机、快乐和绩效的决定因素。但遗憾的是，冰激凌并不能解决所有关于人的问题，并不是每个员工的态度都可以通过轻拍背部来改变。遇到绩效不佳、态度不端、贡献较少但他们自认为绩效或行为没有问题的员工，这种情况并不少见。这些人被称为难相处的员工和绩效不佳的员工，需要一套特殊的技能来理解和纠正他们的行为。难相处和绩效不佳的行为可能是最难解决的问题，因为你的选择很少。你不可能容忍并奖励不良行为。你知道什么都不做对于你的项目来说可能意味着"慢性自杀"，所以你就有了面对问题员工这项令人不快的任务。面对绩效不佳的员工是大多数项目经理不喜欢的任务，但技能5提供了一种新的有效模型，用于搞定难相处的员工和绩效不佳的员工。

案例 5.1

为什么我们不愿面对绩效不佳的员工

2012年，大学研究人员对一个由68人组成的当地市和县主管团队进行了一项调查。调查对象是全州的市和县经理、助理经理、部门负责人、直线经理及其他市和县官员。调查参与者被要求找出使他们不愿意面对绩效不佳的员工的各种可能的原因。他们还被要求评估可能妨碍主管与绩效不佳的员工进行绩效讨论的每个原因的严重程度。此外，研究人员还设想了一个高绩效员工最近绩效有所下降的场景，要求调查参与者确定他们没有与员工进行纠正性对话的主要原因。

主管不愿意面对绩效不佳的员工的原因的调查结果如下：

▲ 我不喜欢并且避免对抗（59%）。

▲ 我没有进行困难对话的技巧（49%）。

▲ 我不想被认为是强硬的领导者（43%）。

▲ 我没有接受过处理绩效问题的培训（42%）。

▲ 我不想让员工陷入困境（41%）。

▲ 员工主动回避反馈（39%）。

▲ 主管害怕营造消极的工作环境（32%）。

▲ 法律设立了不合理的限制（32%）。

从结果可以清楚地看出，这些主管不喜欢并避免向员工传达令人失望的消息，而且担心营造消极的工作环境，他们的不情愿似乎是由于他们缺乏面对绩效不佳的员工和与绩效不佳的员工进行纠正性讨论的技能。虽然这项调查的对象只是一个小群体，但结论很明确——有许多障碍阻碍了主管采取行动纠正绩效不佳的员工。他们给出的没有与绩效开始下降的员工进行纠正性对话的前两个原因如下：

▲ 我不想营造消极的工作环境（55%）。

▲ 对抗让我感到不舒服（47%）。

总结

由于主管担心反馈可能给员工带来不安，并可能引发反弹（愤怒、投诉、不满），因此他们避免去面对。然而，他们可能没有意识到，不作为有其自身的后果，被动通常会使问题恶化。当问题变得太严重时，团队主管就会从被动转为逃避——将问题员工转移给另一位主管。

人际关系问题就像"雷区"——没有人想去那里。大多数团队领导者害怕面对人际关系冲突。比起职场中的其他问题，他们有更多的借口推迟对有问题的员工采取行动，而且这种行为几乎在每个组织中都很普遍。

职场中最难相处的十种人

在加州大学伯克利分校，一个由32名经验丰富的项目经理组成的小组在讨论当前项目领导力的问题，其中一项活动是列出最具挑战性的员工类型。很快，他们就抛出了一些听起来像犯罪集团人物的称呼——恶霸、恶棍、牢骚者、送葬者、悲观者、无赖、敲诈者、破坏者……毋庸讳言，这是一场热烈的讨论，最后，该小组总结出一份十大最难相处的员工的名单（没有就排名顺序达成共识）。

▲ **混蛋**：令人讨厌、粗鲁、烦人、冒犯他人、不体谅人、令人不快、打断和扰乱他人。

▲ **牢骚者**：经常抱怨和发牢骚、突出问题、喜欢提出忧虑和担忧、难以满足

▲ **恶霸**：刻薄、专横、苛求、好斗、控制、威胁、居高临下、喜欢恐吓和使他人难堪。

▲ **无所不知者**：傲慢自大、自以为是、爱胡说八道、喜欢当看客、总认为自己正确。

▲ **愤世嫉俗者**：抗拒改变，怀疑人们的动机，"如果它没有坏，就不要修复"，阴郁，不信任他人，喜欢说"我告诉过你"。

▲ **懒汉**：工作效率低、走捷径、逃避职责和责任、后进先出、从不自愿做任何事、呆板。

▲ **送葬者**：悲伤、消极、悲观，宿命论者，对任何问题都置之不理，永远看起来不快乐，令人沮丧的人。

▲ **受害者**：同情寻求者、不公正收集者、情绪化、过度敏感、忧心忡忡、责怪他人、自怜，"悲哀的是我"，"我不应该被这样对待"。

▲ **被动攻击者**：不喜欢对抗，厌恶风险，不信任他人，貌似和蔼可

亲，敏感脆弱。

▲ **拖延者**：容易分心、时间管理困难、懒散、注意力不集中、行动迟缓、善于找借口、拖别人后腿。

这些员工有什么共同点？他们是最难管理的员工，通常被称为难相处的员工和绩效不佳的员工。我们用有趣和好笑的名称来给这些难相处的员工和绩效不佳的员工贴上标签，但他们一点也不有趣。他们可以显著地影响团队的士气、生产力和声誉。项目经理的工作是识别、处理和纠正任何工作绩效低下的情况，确保团队保持高士气和高生产力。

难相处的员工和绩效不佳的员工的特点

难相处的员工的特点

难相处的员工是阻碍他人进步的人。众所周知，他们通过抱怨、批评、争辩、对抗、控制或表现出其他对项目和团队进展产生不利影响的不良行为来挫败、分散和扰乱他人。当谈到团队合作时，难相处的员工是最令人沮丧的因素之一。他们降低了其他人在工作、解决问题、做决定、合作和享受工作方面的效率。

有时，每个人都可能很难相处，但真正难相处的人的区别在于他们表现出消极行为的频率和强度。难相处的人习惯于打乱、打扰和劝阻他人。管理难相处的员工是当今团队领导者最具挑战性和最耗时的任务之一。

难相处的员工没有一个单一的形象。他们来自各行各业——年轻人和老年人、富人和穷人、内向的人和外向的人、被动的人和主动的人、感性的人和理性的人，以及介于两者之间的所有人。难相处的员工让人难以捉摸，他们可能在任何时间、任何地点采取行动。他们今天可能在一种情况下采取行动，明天却可能在同样情况下不采取行动。更糟糕的是，难相处的员工在很多方面都很难相处——包括过度情绪化、愤世嫉俗、挑剔、控制欲强和烦人。他们"多才多艺",经常搞破坏,让项目经理头疼。

绩效不佳的员工的特点

与难相处的员工相比,绩效不佳的员工不会阻碍他人的进步;他们由于不一致、低效和/或不可靠而影响了自己的绩效,这会间接降低团队的绩效。典型的绩效不佳的员工是善意的、合作的、顺从的、友好的和支持他人的。他们付出了很多努力,能够做好工作,但他们的产出低下。他们容易分心和陷入困境。

绩效不佳可归因于多种人力因素,包括信心不足、个人冲突、沟通不畅、压力、时间管理不善和恐惧。绩效不佳的员工和难相处的员工一样普遍,甚至可能比他们更普遍。虽然难相处的员工可能被认为是更具破坏性的,因为他们会对其他人产生负面影响,但绩效不佳的员工也会因为持续的低绩效或反复无常的绩效而降低团队的士气。

在某些的情况下,任何人都可能有难相处或绩效不佳的时候。了解并练习这项技能可以帮助你减少团队中的绩效不佳行为。

如何让绩效不佳的员工重回正轨

在职场中,项目经理既没有接受过纠正绩效不佳的员工的培训,也没有被期望成为纠正绩效不佳的员工及解决其个人问题的治疗师。然而,项目经理应该激励、引导员工并按时、高质量地完成工作。因为难相处的员工或绩效不佳的员工的主要影响分别是阻碍他人的进步或挣扎于自己的进步,所以纠正绩效不佳的员工的基本策略是推动他们不断前进,这意味着转变他们的态度(见技能4)并完成工作,让他们放弃那些消极的、阻碍他们的行为,选择一条更有成效的道路。换句话说,作为项目经理,你的职责是帮助难相处的员工和绩效不佳的员工摆脱他们的消极情绪，重回正轨，投入工作，为团队的成功做出贡献。

> 纠正绩效不佳的员工的基本策略是推动他们不断前进。

运作一个成功的团队项目类似于将球向前滚动到一个目标，其中，"球"代表团队项目，"滚动"是指富有成效的行动，"向前"意味着不断取得进展，"目标"代表项目目标。为简化起见，我们将使用"向前滚动球"来表示通过合作高效地执行项目的工作计划、完成可交付成果、实现目标和满足所有干系人的期望，以出色的方式执行团队的项目。执行力是项目管理的本质，它要求解决问题和克服障碍。难相处的员工和绩效不佳的员工是项目成功的主要障碍。

作为项目经理，了解绩效不佳的员工对项目的影响非常重要。难相处的员工和绩效不佳的员工会阻碍团队项目的进展，从而破坏团队项目。绩效不佳的员工也是成就低的员工，他们努力保持在正轨上，但往往效果不佳、效率低下，并且需要帮助。事实上，一些绩效不佳的员工被视为极简主义者——他们只是随波逐流，只做他们被告知的事，付出最小的努力，却期望得到与其他人一样的认可和回报。

相比之下，难相处的员工更具影响力，似乎想付出很大的努力，却把精力花在抵制、怨恨、争斗、怀疑上，或者以破坏团队努力的方式行事。从根本上说，难相处的员工以自我为中心，控制欲强，缺乏安全感，害怕与团队合作，他们需要控制、关注、接受和/或肯定。因此，绩效不佳的员工需要帮助和指导，而难相处的员工需要控制和关注。难相处的员工制造摩擦、紧张和对抗，阻止球（项目）有效地向前滚动。难相处的员工不仅会使过程陷入困境,他们甚至会通过给团队带来返工或额外工作而使项目发生逆转和回滚,如图5.1所示。

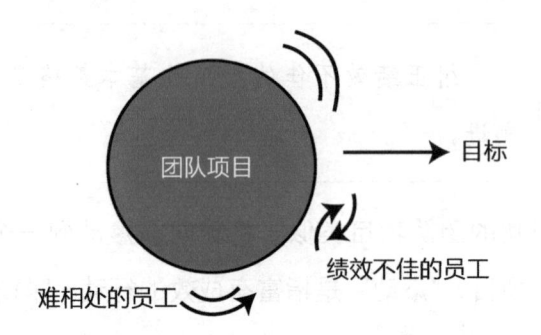

图5.1 项目阻碍因素:难相处的员工和绩效不佳的员工

如图5.1所示,绩效不佳的员工和难相处的员工对项目有不同的影响。

▲ 绩效不佳的员工很难跟上进度,而且往往会陷入困境或停滞,因为他们在达成最后期限、完成任务、提交无错误的工作、保持生产力以及专注于工作方面表现得时好时坏。他们有些事情做得很好,有些事情做得不好。他们希望帮助团队向前发展,为团队贡献自己的力量,并表现出色,但是由于各种问题或冲突,他们似乎无法正常地表现良好。

▲ 难相处的员工阻碍和破坏团队和项目的进展,导致团队内部充满沮丧、愤怒、冲突和不满。如果不加以控制,他们的行为会降低团队的积极性、信心和士气。他们扰乱了团队的功能和进度,拖累了自己和团队。

优秀的项目经理能够意识到这种变化,并立即采取行动,以确保绩效不佳的员工和难相处的员工不会拖累其他团队成员的绩效。使用ERAM和技能1中描述的模型和流程,项目经理必须通过良好的指导、绩效规划、反馈和强化,包括必要的纪律处分,正确地诊断、查明和纠正这些绩效问题。作为团队的基本原则,对糟糕的表现应该零容忍。

难相处的员工、绩效不佳的员工和绩效出色的员工的不同时间视角

当你将难相处的员工和绩效不佳的员工与绩效出色的员工进行比较时，很明显，他们对过去、现在和未来的看法都非常不同，如表5.1所示。要理解为什么难相处的员工和绩效不佳的员工会阻碍项目的进展，了解他们的想法和行为背后的动机很重要。

表5.1 难相处的员工、绩效不佳的员工和绩效出色的员工的时间视角和影响

	难相处的员工 （消极影响）	绩效不佳的员工 （可变影响）	绩效出色的员工 （积极影响）
过去	记住的是过去的不公正、不公平和不好的经历；他们总是为自己的问题找借口	记住的是过去的舒适、稳定和安全；那时工作更好、更容易	无论是好的还是坏的经历，都是积极的成长经验和教训
现在	对今天的情况感到担忧和不安；他们对现实有不同或扭曲的看法	现在工作变得更难、更快、更不宽容，似乎还很混乱	享受解决当今问题的挑战；工作是有益的和愉快的
未来	前行中伴随着恐惧、愤世嫉俗、怀疑；他们往前看到的是问题	抗拒变化；对未来的工作、职责和责任感到不确定	对新机会的计划和工作感到兴奋

▲ 难相处的员工喜欢沉湎于过去，找借口，认为今天（现在）的事情是不利的，对未来持怀疑和愤世嫉俗的态度。在难相处的员工心中，每个时间段都有潜在的问题或缺点。他们在没有障碍的地方看到障碍。由于对过去、现在和/或未来问题的感知，他们似乎无法有效地向前推进。这种消极的思维定式会导致消极的行为，从而使项目进度减缓或停止。

▲ 绩效不佳的员工喜欢过去做事情的方式，沉湎于今天（现在）的事情是如何变得更艰难的，并且对未来（将来）的变化和挑战感到担忧。他们对过去感到最自在，对现在持谨慎态度，对未来持不确定态度，这会导致绩效变化无常，效率低下。

▲ 绩效出色的员工更喜欢从过去学习，运用学到的知识采取行动，来提高今天（现在）的绩效，并期待未来的机会。他们感恩过去，珍惜现在，展望未来。绩效出色的员工将球向前推进如图5.2所示。

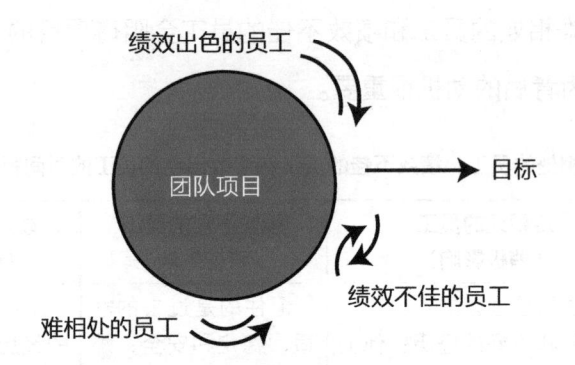

图5.2 难相处的员工、绩效不佳的员工、绩效出色的员工

请注意，表中绩效不佳的员工和难相处的员工之间的分界线很细，这表明他们的观点可能重叠；绩效出色的员工的观点更为清晰和一致，很少与绩效不佳的员工和难相处的员工的观点重叠，如表5.1中的粗线条所示。

简言之，绩效出色的员工重视过去的经验，对现在和未来持积极的态度；绩效不佳的员工更喜欢过去的节奏和稳定性，认为现在和未来更加不确定和多变；难相处的员工对过去有着不好的记忆，对现在和未来持更加怀疑和消极的态度。秘诀是帮助难相处的员工和绩效不佳的员工采用绩效出色的员工的视角，秉持更积极、更真实、更具前瞻性的观点。具体如何做到这一点将在后面解释。首先，我们需要了解是什么阻碍了难相处的员工和绩效不佳的员工，以及推动他们前进的策略。

是什么阻碍了难相处的员工和绩效不佳的员工

大多数难相处的员工和绩效不佳的员工都很难改变他们负面或消极的态度。可能是可怕的记忆或精神包袱压迫他们，扭曲现实，阻止他们前进。这是他们无法调和的不良情绪或忧虑的累积,有时是对失败、批评、不确定或自卑的恐惧,使他们无法自信地向前迈进。不管根本原因是什么,难相处的员工和绩效不佳的员工都很难有成效地前进。

绩效不佳的员工往往会掩盖自己的错误和不足,或将责任归咎于自己无法控制的过去经历——"我从未接受过适当的培训""我受到了不公平的对待""我的上司不喜欢我""我没有足够的时间来做我的工作"。责备、掩饰和找借口是绩效不佳的员工的行为。绩效出色的员工不会找借口来掩饰他们的错误,而是主动担责并采取行动来及时纠正错误(向前滚动球);绩效不佳的员工更愿意等待、推迟或采取最安全的方式来纠正错误;难相处的员工会花时间为自己的错误辩护和辩解,并采取对策来对抗任何批评或指责。

纠正难相处和绩效不佳行为的策略

难相处的员工和绩效不佳的员工不是坏人;他们的态度和行为没有得到适当的纠正。请记住,大多数绩效不佳的员工并没有恶意——他们这样做是出于恐惧,这意味着过度的担忧、焦虑或担心。基本上所有的不良行为,如沟通不畅、犹豫不决、怨恨、嫉妒和被动攻击,都源于恐惧。通过惩罚和威胁增加更多的恐惧并不能使人们恢复良好的表现——你只是在加剧恐惧。你可以成功地用一种恐惧行为代替另一种恐惧行为,但这并不能改变现状。此外,过度的恐惧会激发最低限度满足要求的行为,而在生产力和责任感方面几乎没有改善("我只是按照我被告知的去做")。这就是为什么管理难相处且长期绩效不佳的员工会令人沮丧。而且,当团队领导者对满足最低要求的、低水平的绩效感到满意,宣布取得小胜利,并接受这种情况时,这也令人感到悲哀。他忽略了一个事实,即门槛已经降低,团队中的其他人都知道这一点。

通常，过度的恐惧不仅会造成不同的时间视角，还会造成对现实的扭曲或对预期和环境的别样理解。这种扭曲的现实导致绩效不佳的员工对自己的行为有不同的看法，并为其提供貌似合理的解释，例如，"人们嫉妒我""我比任何人都努力工作""遵循标准程序是浪费时间""没有人相信这些价值观""我更清楚""没人在乎我怎么想""如果他们不喜欢我的工作方式，那就是他们的问题"。这种行为在难相处的员工身上比在绩效不佳的员工身上出现得更频繁、更持久。从某种意义上说，难相处的员工生活在不同的情境中，在这种情况下，他们相信自己的行为是合理的。绩效不佳的员工有着过度的恐惧，这种恐惧扭曲了现实，进而导致不良的态度、行为和冲突。

> 过度的恐惧不仅会造成不同的时间视角，还会造成对现实的扭曲或对预期和环境的别样理解。

考虑到恐惧和扭曲现实是阻碍难相处的员工和绩效不佳的员工朝着正确方向前进的主要障碍，为了提高绩效，你需要克服这两个主要障碍的策略。秘诀是设法消除恐惧和纠正错误的观念。在今天的职场中，员工不喜欢被评判或被告知该做什么，你也无法控制其他人的行为。因此，最好的策略是通过引发思维的改变来促进行为的改变。

思维的改变会让你更接近问题的根源（恐惧和扭曲现实），并增加员工对改变负责的可能性。基本的绩效改进模型是通过将球向前滚动到正确的方向来促进改变的。对难相处的员工来说，"向前滚动球"意味着在心理上把他从一个充满阻碍的、恐惧的、倒退的、错误的方向转移到一个有利的、充满希望的、向前的、基于现实的方向。对于绩效不佳的员工来说，"向前滚动球"意味着帮助员工看到一个更积极、更有成效的现在和未来。

难相处的员工——他们把精力花在错误的方向上，而绩效不佳的员工，他们努力跟上步伐，赶上最后期限——陷入了心理陷阱，难以前进。难相处的员工及绩效不佳的员工，在他们感到安全、得到认可和可控之前，是无法前进的。"向前滚动球"的策略给人们带来了希望和安全感，足以克服对难相处的员工和绩效不佳的员工造成恐惧影响的人力因素。

搞定难相处的员工、绩效不佳的员工和其他问题员工的过程模型

技能5介绍了"过去—现在—未来"模型，以提高员工绩效。这个过程模型适用于小问题和大问题，高度理性或感性问题，以及难相处的员工、绩效不佳的员工和其他问题员工。有一个明确定义的流程来纠正行为问题是至关重要的，因为流程能去个性化、去情绪化、消除主管和员工之间的冲突。你与难相处的员工和绩效不佳的员工的关系不应该是对立或对抗的，相反，你应该做一个倡导者和促进者，让流程来干脏活。你对问题员工的心态应基于以下信念：

▲ 你的问题对我很重要。

▲ 我想倾听并理解你的问题和关注点。

▲ 我不反对你。

▲ 我想帮你解决问题。

▲ 我站在你这边。

▲ 我想知道真相。

过去—现在—未来模型适用于各种各样的员工问题，但与任何技能一样，掌握它需要时间、实践和经验，但你能做到！我将通过两个常见的工作场景并借鉴你之前学习的技能来演示此模型的工作原理。场景A演示了如何解决一个临时出现的问题，这个问题是由一个看起来很麻烦、不开心

并且在工作中遇到问题的员工带来的。场景B演示了如何对其行为已经对团队产生不利影响的绩效不佳的员工进行绩效评估。

场景 A

如何解决临时出现的问题

一个麻烦、不开心的员工会向你抱怨，带给你问题。他因为一些影响其工作的事情而陷入挣扎、矛盾和沮丧之中。他无法解决问题，正寻求你的帮助。过去—现在—未来模型旨在帮助你解决这个常见问题。

使用"过去—现在—未来"模型类似于导演一部由三个不同时间段组成的三幕电影。

▲ 场景1——过去：询问、倾听、了解员工问题或担忧的背景。

▲ 场景2——现在：诊断，做真实性检查，解决根本问题。

▲ 场景3——未来：探索可能的选择，就下一步达成一致，向前滚动球。

流程是按场景顺序和员工详细讨论他们的问题。一旦完成了一个场景，就不要回头，继续前进。"电影"里有理性的东西，也有感性的，有时还带有戏剧性。当你在三个场景中移动时，请记住，向前滚动球需要理智和情感上的决心。即便你在理智上向前迈进了，如果你在情感上不向前迈进，你仍然会失败，因为恐惧是最常见的阻碍员工有更好绩效的情感。往往，主管与员工就行动达成了一致，但这些行动从未实现，因为员工在情感上仍然对问题不满意。

* * *

◆ **场景1——过去：询问、倾听、了解员工问题或担忧的背景**

一位员工说他想和你谈谈一个问题。不是急事，但员工急着与你见面，所以你抽出时间来与他见面。见面时，你的目标是倾听、确认、理解员工的问题并产生共鸣。场景1的关键是创建一个安全区——一个员工可以公开、坦诚地讲话，感到被倾听和被理解的地方。策略是打开话题；允许员工说出自己的想法；开始缩小范围，澄清问题，并尽可能准确地指出问题所在；然后结束讨论。我称之为"开—窄—关"序列，下面将进一步解释。

开

通过询问员工"你能告诉我发生了什么事吗"或"我能帮你做些什么"来展开对话。做一个积极的倾听者，让员工畅所欲言，分享他所经历的一切。耐心和积极倾听是场景1的关键；不要急着去解决问题——这是团队领导者最常犯的错误。要有耐心，让员工说出自己的完整故事及它对他的影响。这是一个"开放场景"，意味着员工是主要角色，他拥有你的全部注意力。试着不带偏见地倾听。请注意，如果不加以检查，员工可能会重复他的故事。做好书面记录并在员工开始重复时友好地提醒他。例如："我想我已经明白这一点了，还有其他想告诉我的吗？"推动场景向前移动。

> 不要急着去解决问题——这是团队领导者最常犯的错误。

窄

通过提问来帮助缩小范围并澄清问题。当员工讲述自己的故事时，尽量减少打断是一个好的做法，但一定要根据需要提问。例如，让员工澄清任何含糊不清的说法或指控是非常重要的。问一些问题，比如："你能提供一个具体的例子吗？""你说……是什么意思？""这对你的工作有什么影响？"秘诀是从泛泛而谈、含沙射影和模棱两可转变为对问题更具体、更精确的定义。另外，要确保提问始终聚焦工作。有时会有不确定的说法，或者故事被情绪或与工作无关的问题所掩饰，所以要问澄清的问题。

示例 一名员工声称，人们对他很刻薄，他总是感到被贬低。这样提问会很有效："他们具体对你说了什么？""他们用了什么词？""在场有其他可能听过这段对话的人吗？""你指的是谁？""还有谁参与了此事，或者可能知道更多？""你的回答是什么？""这对你的工作有什么影响？"要信任员工，但要让员工对他说的话负责。不要问"你应该说什么"或"你为什么不试着……"，这些是解决问题的问题，最好以后再问。先对准问题，而不是解决问题。

不要让员工夸大问题，或者让问题变得更严重。让员工保持正确的视角——小事就是小事；这可能是一个金枪鱼三明治式的问题（简单的沟通失误，技能3）。当发现真正的问题可能是由于一个无关的问题或其他意外造成的时，不要感到惊讶。关键是去掉那些吹毛求疵的话，直奔真正的问题或"故事情节"，你会发现你的澄清问题将有助于抓住根本问题。

关

一旦员工澄清了他的故事，通过问题"我理解得对吗"来总结和确认：然后通过问题"你还有补充吗"或"还有什么是你关心的吗"来结束场景1，以确保你准确地听到了这个故事，并且员工已经把一切都说出来了，这样你就可以移到下一个场景。通常情况下，员工只需说出来就感觉好多了，而且他们知道自己被倾听和理解了，因此感到非常欣慰。一旦员工感觉自己被倾听了，他就准备好听你的并转到下一个场景。

* * *

◆ **场景2——现在：诊断，做真实性检查，解决根本问题**

这个场景让你有机会与员工合作，帮助他获得准确的视角。在这里，你想要转向一个更客观、更系统的诊断模式，给出适当的语境，并解决根本问题。

诊断

此时，你可以戴适当的帽子（技能2）来确定楔形模型的哪一部分（技能1）适用于问题。如果这是一个关于法律、监管、道德或健康的问题，它可能属于管理层，你需要把它带到那里；如果不是，那可能是团队的问题。

示例 在诊断员工问题时，如果涉及特定的政策，如工作场所骚扰，你要戴上管理者的帽子或主管的帽子，告知员工解决问题的适当地点和流程。如果问题涉及员工的个人工作绩效，那么很可能是一个ERAM问题（技能1）——一个与期望、资源、能力或动机有关的问题。如果是人际关系冲突，你或公司代表可能需要通过调查和寻找其他来源来核实员工的说法。如果员工在团队项目中遇到困难，那么你需要戴上主管的帽子，并确定是不是团队的内容、过程或行为问题（CPB，技能1）。

做真实性检查

场景2的目标是将员工的问题放到正确的语境中。这意味着向员工提供你对问题的权威看法、客观的观点，这就需要向他提供有关问题适用的规则、政策、期望和其他基于现实的建议。

示例 如果员工的问题涉及缺勤、薪酬、晋升、绩效考核、投诉或其他行政问题，请戴上管理者的帽子，告知员工政策或程序及其适用情况。如果与工作期望有关，你可能需要提醒员工你的期望，或者客户、赞助者和其他干系人的期望。

解决这个问题的秘诀在于真实性检查，这需要找到适当的权威来源，将问题置于适当的语境中。换句话说，在开始解决问题之前，你要确保它是基于事实的。请记住，大多数员工的问题不是对问题的错误判断就是对问题的误解。在某些情况下，员工投诉或问题可能要求你暂停手头工作，以进一步调查问题、咨询专家、启动强制性公司程序、与证人交谈，以及采取其他事实调查行动。场景2不是关于谁对谁错的主观辩论；它是关于发现并告知员工客观、权威的事实。你不是和员工争论观点；你通过向他提供事情的真相，来启发和帮助他。

> 在开始解决问题之前，你要确保它是基于事实的。

权威来源的例子包括：

▲ 公司规则、政策和程序。

▲ 公司目标和战略。

▲ 组织和团队价值观。

▲ 法律法规。

▲ 专家意见。

▲ 历史先例。

▲ 团队基本规则。

▲ 管理层和客户期望。

▲ 其他当事人或证人的证词。

▲ 注释和文件。

解决根本问题

正如技能3所述，当员工感到被排斥、不快乐或受到不公平对待时，他们会产生消极的意图，这是人的天性。正如我们在技能4中所学到的，问题员工往往停留在他们的蛋筒底部，让恐惧驱动他们的思维和行动。员工需要发泄情绪、喊"狼来了"以引起注意，或者寻求不被排斥的保证，这并不少见。你的工作是尊重员工的关切，而不是解雇他们。他们的看法就是他们的现实，除非你纠正它。确保你正在解决真正的根本问题。这有助于促进从感知世界到客观世界的转变。

* * *

◆ **场景3——未来：探索可能的选择，就下一步达成一致，向前滚动球**

这个场景将讨论推进到了解决问题的阶段。在完成前两个场景并假设这是一个员工绩效（ERAM）问题之后，切换到询问模式，询问员工面向未来的问题，例如："你有什么解决这个问题的想法？""你能做些什么使它变得更好？""你希望看到什么情况发生？""你认为什么是积极的下一步？""你希望本次讨论如何结束？"可以期望，你能得到一些建设性的想法，并在此基础上提供更多指导。不要因为想不出答案而感到有压力。把你的注意力放在解决问题并向前滚动球上，并且把球始终放在员工的一边。换句话说，不要为他滚动球。个人责任和职责是任何未来行动的重要方面。你的角色是帮助员工，但不要让他把问题留给你。

> 你的角色是帮助员工，但不要让他把问题留给你。

如果员工正在为个人问题如健康或家庭问题而挣扎，并且影响了他的工作，那么请确保戴上你的团队成员的帽子——表示真诚的关怀、关心和同情。然后戴上你的主管的帽子，向他解释公司可以用来帮助他渡过难关的资源。

场景 B

如何对问题员工进行绩效评估

有这样一种情况，你有一个问题员工，她的绩效不佳。她的低绩效开始对团队产生不利影响。你当时提供了一些指导和鼓励，但她的绩效没有改进。在这种情况下，一个有效的选择是启动绩效评估来纠正问题。

绩效评估的目的是让员工有机会做到以下几点：

▲ 说出工作中她最喜欢的部分和她迄今为止的绩效。

▲ 说出她对工作的顾虑和工作中的问题。

▲ 说明她想做什么以改进绩效。

▲ 获取对所需改进的反馈和指导。

▲ 澄清未来的期望。

为了有效地促进对这些话题的讨论，我建议使用六步绩效评估流程。

◆ **六步绩效评估流程**

这一流程是过去—现在—未来模型的延伸，包括以下步骤。

1. **会前评估**：确定哪些做得好，哪些做得不太好。

2. **过去**：会议开始时先听听哪些做得好，并认可员工的积极行为。

3. 员工描述做得不好的地方，以及她对工作的担忧。

4. **现在**：给出反馈并进行真实性检查。

5. 描述期望的行为和改进——提出改变的理由。

6. **未来**：就所需的变化和行动达成一致，并确认预期。

六步绩效评估流程与过去—现在—未来模型类似，通过获取员工对过去的看法，给出你对过去的看法，然后转到现在，再陈述你对未来的期望，探索选项，并就行动达成一致。

下面详细介绍六个步骤。

1. 会前评估：确定哪些做得好，哪些做得不太好

首先，预约与员工私下交谈，回顾她的绩效。在准备会议时，让对方写下她做得很好的三到四件事和她做得不好并希望改进的三到四件事。告诉她，从你作为项目经理的角度来看，你也会这么做，你的注意力（技能2：主管的帽子）应该放在你想强化哪些行为和需要改进哪些行为上（技能4：认可积极的行为）。当员工知道你会提前做同样的评估时，这会激励她思考你可能会说什么（从你的角度来看），并自行报告任何问题，而不是听你说（人们喜欢掌控一切）。

除了会前评估，你可能还需要使用技能1中描述的ERAM工具（期望、资源、能力和动机）来诊断个人的绩效不佳。绩效不佳的原因可能不完全清晰，可能需要与员工进行更多的讨论；因此，绩效评估也可用于验证你的初始ERAM评估。再次强调，这不是一个对抗性的会议，做一个倡导者和引导者，让流程为你干脏活。

2. 过去：会议开始时先听听哪些做得好，并认可员工的积极行为

首先让员工分享她做得好的地方和她的成就。认可她的具体贡献，然后分享你观察到的两三个积极贡献，特别强调你喜欢的行为。认可员工的积极贡献有助于强化你所期望的行为（技能4：认可积极的行为），也有助于向员工表明这不是一个惩罚或片面的流程。既然员工绩效不佳，不要在你不满意的时候花太多时间赞美她的表现，从而发出混乱的信号。再说一次，你只是在强化期望的行为，而不是她的整体表现。别在这里花太多时间。

3. 员工描述做得不好的地方，以及她对工作的担忧

让员工先说是一个好的做法，这意味着在你描述你觉得员工做得不好的地方之前，你应该给员工一个机会，让她承认自己的绩效问题。这对于

The Eight Essential People Skills for Project Management

"难相处的绩效出色的员工"（工作出色但削弱他人积极性的员工——本章后面将详细介绍）尤其如此，他们通常比你对自己更严格。

不需要多加判断，试着让你的头脑安静下来，倾听。通过写下你所听到的并周期性地回应几个关键词来强调重点，表现出你正在积极倾听。你收集数据，了解背景，以便在接下来的步骤中提供帮助。一旦员工陈述完成，要感谢员工坦诚的评估，以及她对工作做得不好的自我意识。

在确定工作做得不好的地方之后，询问以下问题："你对自己的工作有什么顾虑？"这是一个开放式问题，能够揭示哪些恐惧可能影响员工。你的工作不是试图消除她的恐惧，而是让她能够用语言表达和发泄她正在挣扎的事情，以及她对自己的工作状况、人际关系、非公平对待或其他可能妨碍其绩效问题的任何错误认识。记住，本质上所有的不良行为都源于恐惧。如场景A中所述，确保你对任何断言、说法、歧义和影射寻求澄清与问责。

> 你的工作不是试图消除她的恐惧，而是让她能够用语言表达和发泄她正在挣扎的事情。

4. 现在：给出反馈并进行真实性检查

在这里，你可以开始纠正关于员工工作绩效的任何误解或揭示其他事实，并解决她的问题。

a. 通过将员工对哪些工作做得不好的描述与你认为需要改进的清单（来自步骤1的会前评估）联系起来，给出具体的反馈。在这关键的一步，你需要将员工做得不好的工作的清单与你认为需要改进的清单联系起来。这也许不是一个完美的匹配，但在某种程度上把两者联系在了一起。这样，你就与员工达成了一致，并确认了需要改进的地方。再次说明，你的行为并不是反对或对付员工，你们站在同一战线。

b. 从三个方面进行真实性检查：（1）描述员工的行为如何影响团队、项目、公司和/或其他干系人（保持描述清晰、具体和可观察）——追求质量而非数量；（2）说明员工的哪些行为和后果在管理层面是不被接受的，例如，行为不符合公司政策、程序、标准、战略或管理指令；员工的哪些行为和后果在团队层面是不被接受的，例如，行为与团队价值观、基本规则和期望不符；（3）作为她的主管，你的职责（技能2：了解你的三项帽子）是纠正任何对项目产生不利影响或与公司或团队期望不一致的行为。关键是保持客观和观察；评判工作及其影响，而不是人。

此时，询问并确认与"我"有关的问题，例如，"我是否清楚地说明了这些行为是如何影响项目的""我作为你的主管的职责是纠正和改进任何绩效缺陷——我是否清楚地说明了哪些方面需要改进"。

c. 在传递a和b中的信息时，尽量包含员工在第3步中表达的担忧。你通常会发现，员工的个人担忧、她对工作做得不好的地方的看法以及这些担忧对其他人的影响是相关的。这种分步的模式使你在做任何决定和寻求补救措施之前能看到全局。

5. 描述期望的行为和改进——提出改变的理由

希望到目前为止，你已经描述了员工的行为和她的影响，提供了明确的真实性检查，并澄清了行为的改变是必要的。避免纠缠于不良的行为，开始讨论你期望的具体行为和绩效水平，并提供清晰、有说服力的改变理由。最好的方法是描述员工过去的绩效和后果，你和组织为什么无法接受，以及她的行为的改变将如何使团队或项目受益（技能2：戴上你的主管的帽子和管理者的帽子，以获得更大的权力）。

有必要解释做出改变和不做出改变的后果。尽管没有什么一定会发生，但改变之前的行为和绩效是不可接受的，而行为和绩效的积极变化可能给员工和团队带来更有利的结果。这是在解释改变带来的好处对比维持现状带来的痛苦。你不是在恳求员工，你是在给她一个选择：要么改变，要么继续以现在的方式表现并承担后果，作为团队领导者，你已做好准备去管理。员工一定想要改变。

> 有必要解释做出改变和不做出改变的后果。

流程走到"现在"的关键是帮助员工认识到以下几点：

▲ 我们对过去无能为力。

▲ 改变行为是必要的，也是有益的。

▲ 员工可以立刻进行方向修正。

▲ 她有能力改变，并且你会支持她。

▲ 这是她的选择——她可以在现状下挣扎，也可以选择做出改变。

▲ 你和你的团队都依赖她的绩效——员工的工作是重要和有价值的。

通过询问以下问题继续向前滚动球的流程："我相信这些问题可以解决，你有同感吗？""你准备好接受挑战了吗？""我能依靠你吗？"记住，你是在邀请员工做出选择——加入我们还是排斥我们（技能3：排斥性行为）。如果员工选择自我排斥，那么你必须戴上主管的帽子或管理者的帽子，并解释她不改变行为的预期后果。

6. 未来：就所需的变化和行动达成一致，并确认预期

基于你们的讨论，要求员工起草一份改进行动计划来确认你的期望和员工对改变的承诺，然后表达你对未来的希望（例如，"我期待看到你做出的改变"）。不要接受员工的冷嘲热讽或分散注意力的话（例如，像"像大多数目标一样，这些目标无论如何都会改变"之类刺耳的话）。不要落入猜测未来的陷阱。这是另一种没有赢家的局面。秘诀是让员工专注

于行为和过程，而不是结果——她应该担心她能控制的（她的行为和工作任务），而不应该担心她不能控制的（结果）。

> 秘诀是让员工专注于行为和过程，而不是结果。

未来场景不是忽略过去，而是从中学习。通过说"我和团队需要你""你是团队的重要组成部分""人们注意到你的言行并受其影响"来发出明确的信号，"你可以对团队产生真正的积极影响"。然后让员工花点时间思考你们的讨论，并专注于她希望实现的具体行为和绩效目标。为这些行动设定一个明确的截止日期，并建议进行一些临时审查以便帮助员工。就像场景A一样，员工对自己未来的行为承担个人责任是很重要的。

起草改进行动计划后，让员工给你发送一份副本供你审核，然后安排一次会议给她你的反馈。让她把计划定下来，给你发送一份。记住，被衡量的事情才会被完成；被写下来的事情才会被理解。制订好计划后，花时间去跟进，并在绩效期内给予积极的强化。再次强调，重点是行为和过程，而不是结果。

进行艰难对话的指导原则

在完成这六个步骤时，你可能感到不舒服，如给出反馈，表达哪些行为需要改进，解释改变和不改变的后果，你可能害怕员工的强烈反对。秘诀是包容和避免个性化（技能3：让他们感到被需要、被依赖和被信任）。以下是一些有用的指导原则，可以帮助你在这些艰难的对话中取得成功：

▲ 观察而不是评判。表达你在个人的行为中所观察到的——行动和互动，做了什么和说了什么——需要改进的地方，以及这些行为如何影响团队的项目。消极行为是无关紧要的，除非它们对工作有不利

影响。聚焦观察可以使讨论远离主观和评判。你要的是观察而不是评判。记住，没有人喜欢被评判。

▲ **具体并举例说明。** 当你能够准确地指出不希望看到的行为时，问题对员工来说就变得更加清晰和真实了。举一两个非常具体的例子，说明观察到的难相处行为的情景。避免使用太多的例子，更重要的是，永远不要使用可能存在不同解释的例子。这样的例子太容易被质疑，它们会让你看起来像个吹毛求疵的人。

▲ **评判工作而不是人。** 作为项目团队的领导者，你的工作是评判工作（质量、组织和内容），而不是评判员工（例如，称员工懒惰、无纪律、漠不关心或冷漠）或员工的个性（例如，害羞、过于敏感、幽默或以自我为中心）。很多时候，我们会很快地评判一个人，而不是客观地评判工作，我们会让人的个性影响我们的判断。作为主管，你的职责是评估员工的工作质量、生产力、效率和影响。制定高的工作标准，让你的员工和你自己对这些标准负责。关注问题而不是人。对政策和标准要强硬，对人不要强硬。

▲ **说"我"而不是"你"。** 分享观察时，用"我"做陈述，这在给予建设性反馈时是至关重要的。尽量避免说"你"，除非你在发表正面评论或在问员工问题。众所周知，"你"的陈述是对员工的指责、评判和谴责，员工可以将其内化、情感化和个性化。当人们感觉受到评判、攻击或控制时，他们会停止倾听，并采取防御措施。进行艰难的对话就像打网球赛，如果你想截击（建设性的反馈），就站在你这边，做"我"的陈述。做观察性的、具体的、以工作为中心的、"我"的陈述会形成一次专业的、非评判性的讨论。

> 众所周知,"你"的陈述是对员工的指责、评判和谴责。

▲ **关注行为而不是意图。** 当人们讨论行为时,它会很快变成他们想做或不想做的事情——"我想做的是……"在一个高度包容的团队中,每个人都假定有良好的意图(技能3:相互信任),包括难相处的员工和绩效不佳的员工,但意图不是问题所在。

你的聚焦点应该是难相处的行为,而不是人的意图。因为你不是一个懂得读心术的人,关注难相处的员工的意图是一种没有赢家的局面。当人们对他人做出评判时(例如,"你似乎不在乎""你没有付出任何努力""你需要把你的注意力集中起来"),他们会对讨论进行推测,表现得个性化和情绪化,并做出个性判断(通过"你"的陈述)。一个人很容易失去对讨论的控制。而且,难相处的员工很容易就把你吸引过来,用他们的善意来为他们的行为辩解(例如,"我不是故意的"或"他们领会错了")。别上当。

▲ **沟通不是你说了什么,而是对方听到和感受到了什么。** 在艰难的对话中,员工(及你)可能无法听到或听懂对话中所说的每一句话。养成总结要点的习惯,以验证相互理解。经常提问,检查是否理解并以书面形式记录所有一致意见。

▲ **多问而不是告知。** 为了确保你能有效地进行沟通、倾听和指导,尽量不要妄下结论。相反,提问是为了表现出你对倾听员工观点的真诚兴趣,更好地了解员工的感受(同理心),检查员工是否听到并理解你所说的话,确保员工对问题负责。例如,与其说"下次你应该带着那个问题来找我",不如问"你认为处理那个问题的更好方法是什么"。如果员工没有答案,那么可以问:"你认为让我注意到

这个问题对你来说是不是一个不那么对抗的选择？"

▲ **避免问"为什么"的问题。**使用"谁、什么、何时、何地"等问题来确定观察到的问题，但避免问"为什么"的问题。问"为什么"的问题是试图了解一个人的意图，正如刚才所描述的，关注行为而不是意图。然而，问"为什么"的问题对于理解非行为问题的根本原因（如流程、技术或目标）是有用的。

▲ **专注于当前这位。**在讨论行为时，难相处的员工可能把自己的过错归咎于他人——例如："约翰比我差得多，你为什么要找我的麻烦？"这是另一个常见的陷阱。不要为"别人也这么做"或"你为什么要挑我出来"辩护。只要回答："我们不是来谈论约翰或其他人的行为的；我们想谈论你的行为。让我们集中注意力。"

▲ **找出关键的几个行为。**最好把你的讨论限制在一两个关键的、需要改进的行为上。挑选两种以上的行为往往会使讨论过于负面，并会稀释会议的效果。一步一个脚印，从对你的团队或项目最有害的一两个关键行为开始。我们的目标是让球朝着正确的方向滚动——不要试图在一次会议上解决所有问题。

注意难相处的绩效出色的员工

还有一种类型的问题员工有时会被忽视：绩效出色的员工。难相处的员工和绩效不佳的员工对团队来说可能是个问题，但绩效出色的员工也会产生负面影响，尽管大多数项目经理都希望有更多的绩效出色的员工。对于绩效出色的员工来说，问题是他们在追求成功的过程中往往走得太快。对于团队领导者来说，这不是一个坏问题，但是绩效出色的员工可能会使他人变得消极或排斥他人，抑或过度工作，使自己（和他人）筋疲力尽。尽管他们的奉献精神令人钦佩，但绩效出色的员工会表现出不耐烦、对技能较差的团队成员不宽容，以及对失败的过度恐惧。这种恐惧会导致过分苛求、专横和麻木不仁的行为。担忧包括过度的压力、工作与生活的不平衡，以及其他个人健康问题。

在领导、拉动和加速团队前进方面，绩效出色的员工与其他人合作得很好，如图5.3所示，尽管有时他们可能工作太努力、行动太快，并让团队成员感到疲惫不堪。当这种情况发生时，绩效出色的员工会变得难相处，因为他们阻碍了别人的进步。他们对成就的急躁只会为他们对自己过高的期望所超越。

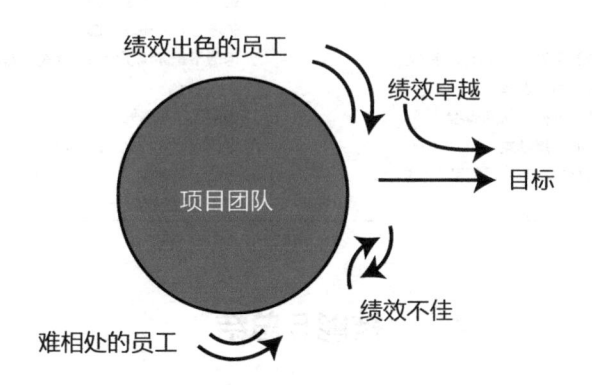

图5.3 绩效不佳的员工和绩效出色的员工的影响

辅导和指导是防止绩效出色的员工过分强迫自己和他人的绝佳工具。总的来说，绩效出色的员工的净效应通常是积极的而不是消极的，而难以相处的员工和绩效不佳的员工则相反。调慢一个高速运转的引擎比试图加快一个有故障的引擎要容易得多。

The Eight Essential People Skills for Project Management

技能5记忆卡

搞定难相处的员工和绩效不佳的员工的工具、技巧和技术
向前滚动球

为了绩效的提升	对于艰难的对话
1. 使用过去—现在—未来模型解决员工问题	1. 观察而不是评判
2. 使用六步绩效评估流程改善绩效不佳的状况	2. 具体并举例说明
3. 不要急于做出判断,要了解全部情况	3. 评判工作而不是人
4. 改变思维,改变行为	4. 说"我"而不是"你"
5. 让流程来干脏活	5. 关注行为而不是意图
6. 把事情放在正确的角度,让小事保持"小"	6. 沟通不是你说了什么,而是对方听到和感受到了什么
7. 进行真实性检查以纠正误解	7. 多问而不是告知
8. 明确改变的好处与维持现状的痛苦	8. 避免问"为什么"的问题
9. 关注行为和过程而不是结果	9. 专注于当前这位
10. 被衡量的事情才会被完成;被写下来的事情才会被理解	10. 找出关键的几个行为

技能5总结

技能5着眼于难相处的员工和绩效不佳的员工的特点与行为。难相处的员工通过抱怨、批评、劝阻、烦人或以其他方式阻碍他人的进步来挫败、分散和妨碍他人。难相处的员工可能阻碍他人的进步,而绩效不佳的员工则会因为他们不一致、低效和不可靠的工作成果而阻碍自己的进步。

纠正难相处的员工和绩效不佳的员工的行为的基本模式是帮助员工朝着更有成效和更有目的的方向前进。

领导团队项目类似于将球向前滚动到目标,"球"代表团队的项目,"滚动"是指富有成效的行动,"向前"是指不断进步,"目标"代表团队的目标。"向前滚动球"意味着有效和高效地制定最后期限,实现里程碑，并满足干系人的期望，直到实现团队的项目目标。

难相处的员工和绩效不佳的员工是项目成功的关键障碍，由于各种问题、冲突、恐惧和误解，他们似乎无法向前迈进，工作效率低下。该技能中提供的绩效改进策略旨在通过使用过去—现在—未来模型和六步绩效评估流程，让绩效不佳的员工重新回到正轨，改善他们的行为，并让球再次向前滚动。过去—现在—未来模型和六步绩效评估流程是帮助难相处的员工、绩效不佳的员工和其他问题员工解决问题、冲突和担忧，重新振作起来的有效方法。

为了说明过去—现在—未来模型和六步绩效评估流程，本文提出了两个具体的工作场景：场景A，一个有问题、不开心的员工的非计划的、实时问题；场景B，一个计划好的、针对绩效不佳并对团队产生了不利影响的员工的绩效评估。每个场景都需要一个多步骤的过程，包括积极倾听、认可员工的担忧、纠正错误观念、将问题保持在适当的语境中，以及促成员工负责的解决方案。此外，我们还提供了一些点子和技巧，帮助你与绩效不佳的员工进行成功的讨论。掌握这些策略、流程和技巧需要反复练习，但你会发现，你的努力会因你在帮助他人方面增加的自信和成功而得到高回报。

第6章

如何激励正确的团队行为

技能6可能是项目经理最基本的技能,因为它涉及一个可以决定项目成败的因素:团队行为。如果没有管理团队行为的计划,你就把项目的命运留给了运气或希望。你希望人们能和睦相处,表现出正确的行为,没有任何其他的问题,这就是所谓的一厢情愿。

你不能让行为自行改变,认为每个人都能很好地合作。你确认、部署和保证团队表现出正确行为的策略是什么?大多数项目经理没有相应策略或仅依赖项目管理流程来处理。技能6为项目经理提供了有效的行为管理模型,以定义、塑造和促进为了团队成功所需的正确行为。

案例 6.1

雄心勃勃的项目经理——目的是否证明了手段的正当

马蒂是一位年轻的创业型营销经理,供职于一家快速发展的国内电信公司,该公司希望将业务拓展到一个新的地区,因此需要一位聪明、行动迅速、富有创造力的项目经理。马蒂愿意开拓新天地,带领团队与市场上许多成熟的公司竞争。尽管马蒂相对年轻,对这一行业还不太熟悉,但他的创业精神及其在以前许多工作中不断增长的销售业绩,使他成为这项工作的最佳人选。他很兴奋地接受了新的职位,并期待组建一个新团队,启动这一重大项目。

经过几个月的规划和审议,公司管理层批准了扩张战略、业务计划、目标、预算、员工人数和时间表。这不会是无效的努力,因为该项目资源充足,有合理的时间表、明确的业务和营销目标。马蒂很幸运能得到这么大的支持,并且可以自由选择自己的销售团队。

在组建团队的过程中,他想要那些有抱负、有进取心、有干劲的人加入进来。团队成员不仅要全身心投入这个项目，还要愿意努力工作，在需要的时候做出一定牺牲，超越自我，使此次扩张取得成功。他在公司内部精心挑选了一些精力充沛、有商业头脑的人，他还从外部招聘了一些新员工，他们为团队提供了全新的视角和更大的多样性。马蒂和他的团队被安排在了办公区域最显眼的位置，这使整个团队感到自己很特别。有了这些关注，现在的问题是执行他们的计划和达成公司的高期望。

马蒂和他的团队从一开始就很清楚，竞争对手不会对他们置之不理，让公司进入它们的领地。竞争对手加倍努力营销，并推出新的促销活动，以应对马蒂和他的团队的扩张努力。因此，该团队在运营的第一年就举步维艰，当未达成最初的营销目标时，他们显然感到很沮丧。管理层很关心这项新业务，但马蒂向管理层保证，起步缓慢是正常的，事情很快就会好转。

当进入第二年时，马蒂对缓慢的起步感到沮丧，他知道自己必须发出一个明确的信号，以重新点燃团队的激情。他想知道一些经验丰富的员工是否太过保守了。盛行的保守主义似乎抑制了年轻员工的热情。因此，他将两名资深员工及一名绩效不佳的员工调到了另一个部门，召开了一次团队会议，表达了自己的失望，并发出警告，团队没有达到公司的期望。

当然，马蒂足够机敏，他知道要想组建一支更有生产力的销售队伍，他需要的不仅仅是警告。作为重振团队的一种方式，他推出了一项特别的激励计划，根据每个员工能够交付的合同数量和规模，发放巨额奖金。马蒂知道激励措施及一些良性的内部竞争，对获得更高的绩效是有效的。马蒂让他的两个办公室助理设计了一个在线仪表盘来跟踪新合同，并确保每个季度通过团队庆祝活动的方式认可所有重大成就。

激励计划被证明是团队所需要的。九个月内，销售额翻了一番，随后两个季度又翻了两番，预计下个季度还会翻一番。团队收入增加了，更重要的是，团队还与该地区的主要企业签订了许多大合同。到第二个财政年度结束时，马蒂的团队已经超出预期。管理层很高兴，并奖励马蒂向董事会作特别介绍。这是一个了不起的故事。实践证明，只要有适当的激励、人才、资源和领导力，团队就能实现非凡的目标，并在绩效上取得突破。

第二年，团队继续表现出色，不断签下新合同。由于项目的成功，马蒂和他的许多团队成员得到了晋升，获得了更好的机会。他的团队一直保留，直到公司建立了一个更持久的组织。马蒂和公司的前途看起来一片光明。

随着新组织在该地区成立，新的运营和财务经理对马蒂团队签订的利润丰厚的合同进行了审查。在审查合同时，他们注意到，合同中包含了大量的信贷和对客户的未来折扣，这些折扣显得格外慷慨。

进一步审查后发现，销售人员可以自由地签订非常灵活、慷慨、长期的合同，其中包括信贷和其他客户激励措施，这对他们的商业客户来说非常经济，不仅是签署的时候，今后也可以以较低的价格继续获得这些服务。展望未来，这些合同基本上"出卖了公司"，这意味着公司的运营将遭受巨大损失。此外，这些大额信贷和其他客户激励措施被视为初创企业投资的一部分（创办费），并被资本化，不计入账簿，不计入现金流。这意味着该地区未来的利润被夸大了，没有准确反映在公司的账目上。经进一步调查，确定这些员工违反了公司规定，其行为可被解释为不道德的商业行为。

因此，该公司不得不向董事会和当局披露这些发现，并最终宣布该地区业务破产。这家公司再未从这场灾难中恢复过来，公司资产几年后在一次拍卖会上被出售。

故事的教训

从这个故事中得到的教训，与其说是合同签不好的结果，不如说是当人们的行为管理不善时，公司很容易迷失方向。事实上，目的并不总是证明手段正当，行为很重要。马蒂非常渴望满足公司的期望，但遗憾的是，他忽视了决定项目成败的潜在的人力因素：团队行为。

> 当人们的行为管理不善时，公司很容易迷失方向。

为了成功地管理团队项目，没有什么因素比管理员工的行为更重要的了，这意味着管理他人的行为和互动。有效的行为管理包括三点，遗憾的是，马蒂这三点都没有做到。

1. **为员工的行为建立正确的基准。** 行为不是偶然发生的。人们需要一个令人信服的理由或行为基准来采取行动，这包括两个组成部分：内在的和外在的。马蒂在建立外在基准方面做得很好——签订新合同，否则我们就会失败。但他没能找到内在的基准，那些存在于人们的内心和灵魂里的——价值观和做正确事情的愿望。你的价值观驱动着你的行为，而正确的行为是从正确的价值观开始的，这是你判断是非、好坏、真假的基础。马蒂没有正确的团队价值观。你必须有正确的基准和价值观来推动正确的行为。

2. **以正确的方式展示行为。** 马蒂希望他的员工积极争取新合同，但没有确定正确的方式来编写这些合同——道德的、经济的和合法的方式。马蒂没有为成功定义正确的行为。尽管职场的行为类型层出不穷，但根据业务或项目的类型，有些行为比其他行为更重要。为了成功地管理行为，你需要确定对组织成功至关重要的行为。定义正确的行为以产生正确的结果。

3. 认可正确的行为而不是正确的结果。马蒂在激励员工获得更多客户合同方面犯了一个错误，没有具体说明员工在获得这些合同时应表现出的价值观和行为。底线结果无疑是必不可少的，但人的价值观和行为是长期成功的根本因素，在决定一个组织的可持续发展方面更为重要。马蒂犯了一个关键的错误，这在今天的团队领导者中是很常见的——过于注重结果，把激励、奖励和认可仅仅建立在最终结果之上。这就是为什么关注行为而不是结果是至关重要的。

总结

马蒂的三个教训表明，管理行为和让人们做你想让他们做的事情的模型是，为员工的行为建立正确的基准、以正确的方式展示行为，以及认可正确的行为而不是正确的结果。这三部分共同构成技能6，我称之为行为管理的ABC盒子模型，如图6.1所示。这个模型来源于应用行为分析，我在技能6中对其进行了改编，用于项目管理。

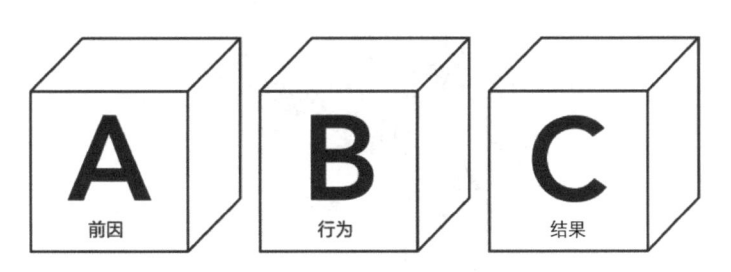

图6.1 ABC盒子模型

🔒 促进团队行为的最佳模型

ABC是前因（Antecedent）、行为（Behavior）和结果（Consequence）的首字母缩写。前因是行为之前的正确的基准或事物；行为是做事的正确方式，是人的行为和互动；结果是行为发生后的正确认可和强化。当正确的基准或前因存在时，期望的行为被唤醒；而这种特有行为是否会被重复取决于行为发生后的结果。ABC不仅代表了激励正确行为的要素，而且代表了激励行为的顺序。ABC可以被视为三个单独的盒子，里面装满了不同的内容。接下来，我们将检查这三个盒子，并解释它们中的每一个里有什么，以及如何将它们用于激励团队行为。

触发正确的团队行为：盒子A

前因是指先于、触发或刺激某一行为的事物。通常用于触发所需行为的工具示例包括规则、策略、标准和程序。它们是一组工具，当需要特定、一致的行为时，可以使用这些工具，如安全、维护、法规遵从性和团队合作，如图6.2所示。这是一个工具箱，因为前因用于"构建"和维护所需的团队行为。

图6.2 使用前因触发期望的行为

在大多数组织中，项目经理都有一个预设的组织前因盒子，例如：

▲ 公司使命、愿景、价值观、目标和战略。

▲ 公司标准和政策。

▲ 组织目标和指标。

▲ 组织程序。

▲ 公司合规手册。

▲ 专业标准。

▲ 管理层期望。

▲ 法律法规。

这些类型的管理前因是公司范围的指令，但遗憾的是，它们中的大多数都无法被直接应用于项目团队。此外，在管理团队行为方面，没有标准的规则、程序或手册。这是因为每个团队都由不同类型的人组成，他们有不同的背景、技能、知识、经验和喜欢的工作方式。每个团队必须找到自己的基准，确定适合自己的方式。

前因，我们每天都会遇到，但我们并没有有意识地将它们识别为前因，也没有充分利用它们来提高我们管理行为的能力。前因是行为科学中的一个技术术语，用来指触发特定行为的事物。在实践中，团队领导者通过告诉员工如何完成工作或解释需要做什么，或者让每个员工自己决定如何最好地完成工作，从而提示员工他们期望的行为。在大多数情况下，前一种方法适用于标准的、常规的行为，而后一种方法适用于需要个性或创造力的情况，如在做演示或研究问题的各种可能性时。但这两种方法不适用于大多数工作情况，尤其是涉及以下任何一种情况时：

▲ 试图改变既定的工作行为。

▲ 采取新的行为。

▲ 在高风险情况下需要某些行为（健康和安全、环境、道德、政府法规和法律）。

▲ 需要显著或快速的绩效改进。

▲ 管理绩效不佳的员工。

▲ 组建新团队。

要在这些情况下取得成效，你需要强有力的前因来推动正确的行为。作为项目经理，你不可能一直监控你所有的员工，员工也不想被微观管理。秘诀是要有有效的工具和流程来触发正确的行为。

通常用于推动团队期望的行为的前因示例包括：

▲ 团队工作计划。

▲ 团队价值观。

▲ 团队基本规则。

▲ 关键成功行为。

▲ 团队流程。

▲ 团队沟通计划。

▲ 团队风险管理计划。

▲ 员工培训。

▲ 团队绩效指标。

示例 团队的一个常见抱怨是会议没有按时开始或结束。你将落实哪些前因来帮助你的团队解决此问题？以下是一些想法：

▲ 制定团队基本规则，声明团队成员同意每次会议准时到达。

▲ 建立团队反馈流程，在每次会议结束时，你都会问团队成员"哪些工作做得好，哪些需要改进"，包括会议是否按时开始和结束。

▲ 在每次会议开始时给予表扬。

▲ 把反复迟到的员工放在议事日程的第一位——制定基本规则，规定如果他们迟到了，他们的话题就得不到讨论，或者被推迟到议事日程的末尾。

▲ 将准时开始和结束会议作为团队绩效的衡量标准，项目管理层将定期评估——被衡量的事情才会被完成。

不按时开始和结束会议是一种团队行为，每个人都希望改变。你可以通过开发适合、有效的前因来改变行为，并强化正确的行为。建立一个高绩效的团队需要付出相当大的努力，而正确的前因是必不可少的。但这是一种选择——要么事先设计一组前因来激发期望的行为，要么假设不会发生什么坏事，并随时纠正员工。你会发现，从长远来看，后者会让你更加头疼和不快乐。在开始项目之前，你有必要投资于正确的前因，以激励正确的团队行为。

组织价值观

正如我们从马蒂的故事中学到的，激发正确行为的最关键的前因和最佳基准是你的组织和团队的价值观。价值观是组织最坚定的信念和原则，反映了组织的文化规范和历史。它们定义了你如何开展业务、如何为组织实现最大价值，以及员工如何对待彼此。从本质上讲，价值观驱动着组织希望在所有员工身上看到的行为。

价值观代表了"正确"的做事方式和做出"正确"的决策及判断的标准，如员工选择、员工绩效、纪律处分、认可、奖励和晋升。作为团队领导者，你应该在工作中做出符合组织价值观而不是个人价值观的决定。你观察和判断职场中的行为和互动的视角必须是你的组织和团队的价值观。这并不意味着你忽视了自己的个人价值观；相反，要使你的价值观与组织的价值观相一致。正如你调整自己的价值观适应特定的个人情况一样，你也在为工作场所做同样的事情。关键是在做决定和判断时要使用正确的价值观优先级。例如，安全比生产更重要，道德高于经济，团队成功比个人成功更重要。

> 作为团队领导者，你应该在工作中做出符合组织价值观而不是个人价值观的决定。

作为团队领导者，你的职责是沟通、澄清、指导和强化组织和团队的价值观，但更重要的是，你有责任将这些价值观转化为日常行为，这让我们来到第二个盒子，展示正确的行为。

🔒 定义团队的关键成功行为：盒子B

盒子B包含行为，你希望用对项目成功至关重要的行为填充它。我把这些行为称为关键成功行为（Critical Success Behaviors，CSB）。CSB是特定的行为，如果没有有效践行，很可能会导致项目失败。作为项目经理，你和你的团队有责任明确指出最重要的行为，并将其纳入你的项目工作计划。遗憾的是，在项目管理中很少确定CSB。大多数项目对行为管理缺乏明确的策略和关注。传统的项目管理侧重于满足项目期望——目的、目标、时间表、任务、资源、可交付成果和截止日期。人被认为是资源，提供劳动力、知识、技能和经验，以便按时、按规格和按预算完成工作。项目经理往往更关心项目的内容和过程，而不是团队的行为。这是项目管理中严重错失的机会。

但是，如何确定一个团队的CSB呢？产生团队的CSB应该是一个迭代的过程，在楔形模型中（技能1）自上而下、自下而上获取输入，即来源于管理层和团队成员个人。

自上而下：来自管理层的CSB

管理层提供并维护组织的MVVOS。如前所述，所有这些组件都是在高层级上设计的，目的是激发组织中正确的思维和行为。此外，我们还了解到，价值观是推动组织行为和绩效的最大杠杆因素（技能1）。作为项目经理，你最重要的职责之一就是将组织的价值观转化为员工能够理解和在工作中实践的具体、准确的行为。记住，定义正确的行为以获得正确的结果。另外，你要确保每个人践行这些价值观的方式的一致性，特别是在压力下。正如马蒂的故事所说明的那样，一个组织的价值观有时会受到严峻的考验，不能为了利润或权宜之计而抛弃它们。为了融入团队的思维和文化，你的CSB必须得到明确的定义和不断的展示。

示例 如何将价值观转化为特定的期望行为？让我们使用三个常见的组织价值观来展示它们是如何转换为特定的团队CSB的。首先从与团队项目最相关的组织价值观达成一致开始。例如，假设你的团队在项目中采取了以下组织价值观。

▲ **保护环境和人类健康**：我们所做的一切都依赖于我们的员工和周围社区的安全；我们关心环境的保护。

▲ **团队合作**：我们相信合作的价值，尊重彼此和我们的多样性。

▲ **诚实和正直**：我们坚持商业和个人行为的最高标准和道德规范。

选择这些价值观之后，你可能需要确保这些价值观及其描述对团队中的每个人都有意义。下一步是确定直接支持这些价值观的具体行为。表6.1给出了这三个价值观的行为示例。根据团队在管理行为方面的经验和成熟度，CSB的数量和具体程度可能会有所不同。记住，越清晰、越精确越好。

价值观始于最高层级。当员工看到他们的领导认真对待价值观并表现出那些期望的行为时，他们也会认真对待。作为项目经理，你的挑战是在你所做的每件事中展示这些组织价值观。一个好的做法是在团队的成功和失败中强调团队价值观。此外，为了维持期望的行为，展示特定的CSB如何为团队的日常运作增加价值十分重要。否则，团队的价值观和CSB会让你的员工怀疑。

表6.1 价值观和CSB

价值观		
保护环境和人类健康	**团队合作**	**诚实和正直**
行为 • 从不经过违反安全规定的地方 • 安全执行，否则绝不执行 • 迅速采取行动，消除健康、安全和环境危害 • 积极强化现场良好的安全行为 • 将健康、安全和环境作为决策和员工绩效评估的一部分 • 注重学习和预防事故，而不是推卸责任 • 及时对所有事故进行安全审查 • 参加所有安全培训	行为 • 鼓励新的方法和想法 • 尊重和重视沟通及行动的多样性 • 促进参与、包容和协作 • 分享信息并邀请他人参与 • 确保明确的角色、任务、职责和权限 • 共同努力，建设性地解决分歧 • 始终以团队的最佳利益为出发点 • 乐于互相补充和支持	行为 • 确保行为与团队价值观一致——言行一致 • 对他人公开透明 • 当观察到不适当的行为时，要正视 • 随时承认错误并努力改正 • 向他人提供坦诚的反馈 • 维护内部和外部业务活动的道德行为 • 重视不同的观点和友好的辩论 • 勇于担责并相互负责

自下而上：来自个人的CSB

来自组织价值观的CSB必须与团队成员的个人期望相结合并保持一致。成功的项目经理要满足员工的期望，而不仅仅是项目期望。开发团队CSB的一些关键问题包括：团队成员希望从这个项目中得到什么？什么样的团队价值观最相关？在项目期间，团队希望看到什么样的团队行为？团队成员喜欢和不喜欢什么类型的工作？团队成员希望受到怎样的对待？项目经理成功的关键是了解员工的期望，然后利用这些信息使计划适配员工，而不是使员工适配计划。要提高项目成功率，请确保团队行为符合组织价值观（自上而下）和员工的期望（自下而上）。

> 项目经理成功的关键是了解员工的期望，然后利用这些信息使计划适配员工，而不是使员工适配计划。

行为是决定项目成败的关键因素。很难想象如果CSB没有被定义和实践，项目如何取得成功。希望你的CSB能包含六种关键团队行为中的一种或多种：相互信任、相互依赖、责任感、透明度、学习和重视个性（技能3）。你会发现，花时间和精力提前充分定义和详细说明项目的CSB是确保项目成功的最佳投资之一。

维持所需团队行为的最重要技能：盒子C

虽然前因在激发期望的行为方面是有效的，但仅仅鼓励人们做事并不能保证结果。事实上，前因无法迫使人们维持新的行为。它们可能会持续几小时或几个星期，但大多数前因没有持久力，并且在激励正确行为方面的有效性通常会随着时间的推移而衰减。为了实现更大的可持续性，行为（盒子B）需要更多的支持，它需要"结果"。由于结果是影响员工行为的最有效工具，因此本节将更深入地介绍这些技能。首先，讨论中使用的一些关键术语的定义如下所示。

- ▲ **结果**：行为发生后的后果或影响——所有行为都有结果；即使"什么都没发生"也是一种结果。
- ▲ **反馈**：对员工行为的评估性评价，但并非所有行为都会导致反馈。
- ▲ **强化**：使行为更频繁或更强烈的效果。

作为团队领导者，你要不断地指导、沟通，并向员工提供反馈，以鼓励和强化某些行为，如图6.3所示。你对员工行为的正面或负面反馈会带来"结果"或对员工产生影响，但并非所有的"结果"和影响都是反馈。

例如，罚款或奖励可能分别是违反或遵守规则的结果，但这些并不构成反馈，这是一种评价性反应。

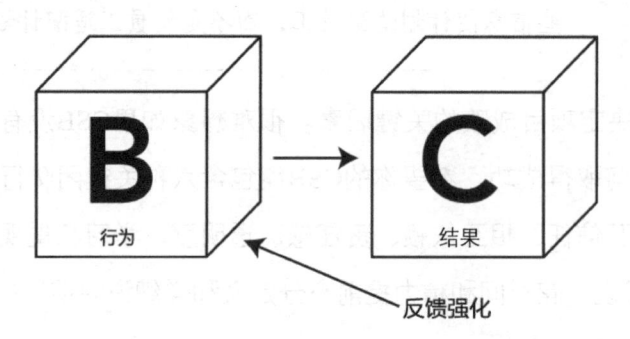

图6.3　未来行为取决于结果、反馈和强化

四种结果

行为可能导致的结果有四种：好的、不好的、不知道的和坏的。结果是人在行为发生之后所感受到的影响。让我们用四种情绪来表达盒子C的"内心声音"："耶"（好）、"不"（不好）、"什么都没有"（不知道）和"哎哟"（坏），如图6.4所示。

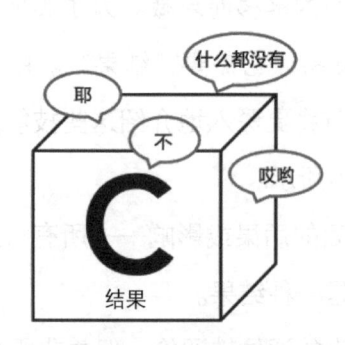

图6.4　四种结果

耶（对！我很好！我是对的）：正面的结果是员工想要、寻求和为之努力的东西——表扬、认同、鼓励、奖励和认可。收到"耶"是正面的强化，它激励员工增加期望行为的频率或强度。

不（不，不好，我错了）：负面的结果是对不想要的行为的负面强化。"不"是接受者在表达不喜欢。负面结果是为了使一个人停止一种行为以支持另一种行为。于是,一声"耶"刺激重复相同的行为,而"不"则引发回避行为,但它们都增加了期望的行为(强化)。

什么都没有(我不知道,没有反馈,什么都不会发生):在四种结果中,"什么都没有"是职场中最常见的结果——没有结果,没有反馈,什么都没发生。员工只能猜测,问自己:"我做得对吗?""你喜欢吗?"一些常见的"什么都没有"结果的例子包括:完成一项任务却没有得到任何反馈,提出一个想法却没有得到任何反应,或者征求意见却没有得到任何答复。

> "什么都没有"是职场中最常见的结果——没有结果,没有反馈,什么都没发生。

哎哟(我觉得很糟糕、很可怕、很不愉快):惩罚是最糟糕和最可怕的结果。惩罚是一种惩罚性的、精神伤害性的结果,旨在立即制止不受欢迎的行为。在职场中,惩罚可能包括严厉的批评、嘲笑、拒绝、训斥和纪律处分。

如何利用这四种结果

结果是塑造人们行为的最有力的工具,然而大多数团队领导者并不知道它在激励员工方面的重要性。这是一种领导行为,你不应忽视它,它对你和你的员工来说都是一种改变发生器。结果是塑造或破坏行为的因素。

项目经理可以通过了解如何以正确的方式为项目带来正确的结果,以获得正确的效果并产生正确的成果,从而在管理行为方面取得最大的改进。听起来要做的事情很多,但是当你把它分解成以下三个基本技能时,你很容易就学会了:

▲ 用正确的结果来达到正确的效果。

▲ 以正确的频率和比例给出结果。

▲ 管理正确的过程以实现期望的行为。

用正确的结果来达到正确的效果

不同的结果能唤起人们不同的感觉，对人们的行为产生不同的影响（见表6.2）。在给定的情况下，使用正确的结果是激励正确行为的基础。你可以通过使用正确或错误的结果来快速地让人们开始期望的行为或停止不想要的行为。

表6.2 结果、感受和对行为的影响

结果	感受	对行为的影响
耶	很好、胜利、幸福	正强化（重复期望的行为）
不	不好、不满、失望	负强化（减少不想要的行为，增加期望的行为）
什么都没有	空虚、沮丧、彷徨	没有（无强化，保持现状）
哎哟	糟糕、失败、受伤	惩罚（停止不想要的行为）

以下是一些给出结果的好的指引。

正面（"耶"）。在需要自发（想要）的效果时，最好用"耶"识别并增加期望行为的频率或强度。例如，使用"耶"表彰一位客户服务出色、完成一份重要的报告或帮助同事的员工。还有，"耶"是激励和塑造新行为的最有效的方式。被认可的东西会被重复——没有经常的鼓励，新的行为通常不会持续太久。不要对常规行为说"耶"；把它留给更关键的行为，以最大限度地提升效果。

负面（"不"）。使用"不"来阻止不想要的行为，增加期望行为的频率或强度。例如，对开会迟到的员工说"不"（例如，通过电子邮件友好地提醒员工，强调准时出席会议的重要性），这将有助于阻止员工今后迟到（避免不必要的电子邮件提醒），并激励他准时出席会议（期望行为）。"不"是负向激励，可以包括不赞成的表情、否定的评论或对想法的拒绝。

没有结果（"什么都没有"）。如果不需要强化，或者你希望保持中立，那么给出"什么都没有"的回应是可以接受的。如果行为符合文化规范，或者你对某一行为并不关心，那么就不需要强化。

如果你不介意某种行为（如着装要求）的个体差异，那么"什么都没有"的回应是合适的，因为它传递了一个信息：你对这种行为并不关心。然而，经常对高质量的工作或产出给出"什么都没有"的结果会导致员工泄气。另外，如果你试图在员工中塑造一种重要的新行为，没有结果是致命的——这种新行为很快就会消失。

"什么都没有"有时会感觉像"不"（负面强化）。在没有反馈的情况下，人们会将沉默回应解释为"没人在乎""我的工作不重要""我想没人喜欢它""我不是优先考虑的对象"。更糟糕的是，这会让员工变得不确定，在风中摇摆，并质疑自己——"我是不是又做了同样的事情""我猜想没有消息就是好消息""我下一步该怎么做"。许多团队领导者认为"什么都没有"是无声的认可，这对于某些任务可能是可以接受的。但遗憾的是，当沉默被频繁使用时，它会降低绩效。

惩罚（"哎哟"）。惩罚是立即制止不受欢迎的行为的最有效的工具。"哎哟"与"不"不同的是，"哎哟"是为了阻止不受欢迎的行为，而"不"是为了阻止一种行为以支持另一种行为。

众所周知，通过让人感到恐惧来实施管理的人会把惩罚作为一种获得快速服从和行为顺从的方式。然而，如果使用得当，惩罚是处理特殊情况的有效工具，例如，员工绩效不佳，违反健康、安全和环境规定，职场欺凌、骚扰等恶劣行为，或者多次违反组织政策。

根据情况和员工的不同，在"不"和"哎哟"之间可能只有一线之隔。例如，如果对于大多数工作，员工都收到了"耶"，然后突然收到一个"不"，那么员工感觉这个"不"更像"哎哟"。相反，在长时间收到"哎哟"和"不"之后，"耶"如果没有正确给出，员工可能会产生极大的怀疑。此外，没有什么比从你的前任上司收到持续的积极反馈（"耶"），然后新任上司一直都是沉默对待（"什么都没有"）更令人失望的了，尽管你的绩效水平一直很高。

团队领导者在管理行为时犯的最大错误之一是，没有使用负面强化和惩罚来阻止不受欢迎的行为。他们通过回避、不作为和沉默（什么都没有）允许不受欢迎的行为继续存在。记住，不作为会有结果——沉默会导致不受欢迎的行为。

案例 6.2

分享最佳实践——如何塑造新的团队行为

让我们用一个图形化的例子来说明不同的结果是如何影响最终成果的。如果你希望你的团队采用一种新的行为，你应该从改变的基础即前因开始，如图6.5所示。描述你期望的行为以及为什么改变很重要。这张图是一个假设的时间轴，它显示了四种结果中的每一种是如何影响团队采用新行为的（"团队表现出新行为的百分比"）。我们的目标是让每个人都从旧行为（0）转变为高频率的新行为（团队中超过50%的人表现出新行为被认为好，团队中的每个人都表现出新行为被认为极好）。

假设你希望每个员工每月展示一次特定的行为，例如，在团队网站上分享最佳实践或有价值的个人学习。旧行为是不分享。每个月，你都会跟踪团队中表现出新行为的百分比。50%意味着一半的团队成员表现出了这种行为，100%意味着每个团队成员在当月都分享了最佳实践或有价值的个人学习。25%被认为是最低可接受的表现水平。图上的每个"不"或"耶"代表了团队领导者对行为的强化（正面或负面）。"耶"可以是口头表扬、电子邮件致谢，或者向发布最佳实践的人发出大声祝贺。"不"可以是向团队成员表示失望的一个口头提醒，也可以是一个列出当月未能提交最佳实践或个人学习人员的电子邮件列表。然而，后一个例子，列出表现不佳者，可能会被一些人认为是"哎哟"。

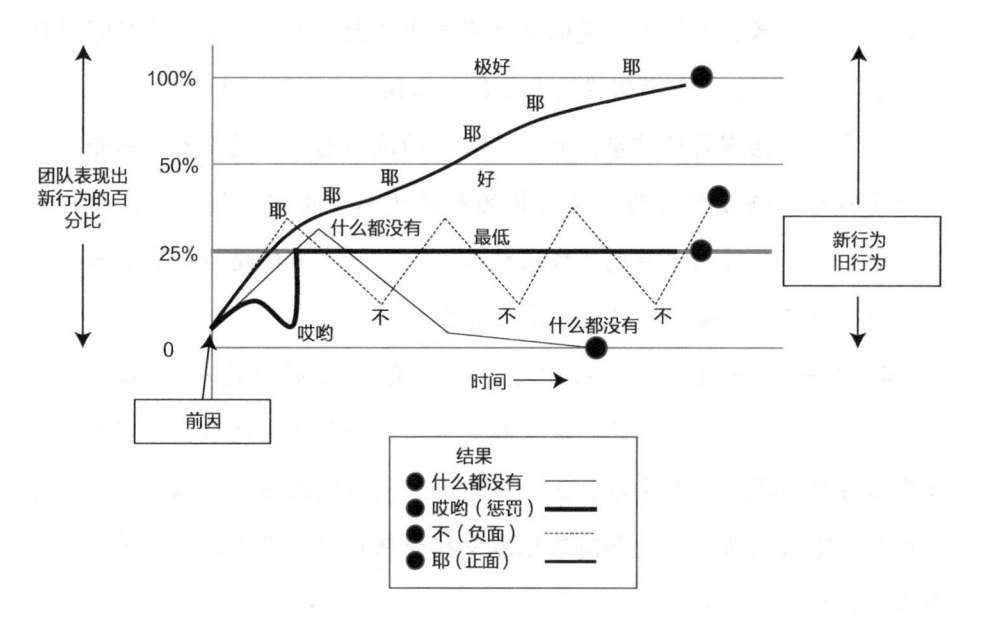

图6.5　四种结果对团队采用新行为的影响

新行为的相对成功受你使用的结果的影响：（1）使用"什么都没有"作为回应（不作为）产生最不理想的结果——团队主要表现出旧行为；（2）使用"哎哟"作为回应导致成功率最低——团队以最低可接受的表现水平（25%）表现出新行为；（3）使用"不"作为回应产生"冷热"反应——新行为和旧行为交替；（4）使用"耶"作为回应会强化新行为并产生最有利的结果——100%的参与率。

让我们进一步检查图中每个结果的影响。

1. 什么都没有——逐渐下降。在引入新行为之后不久，没有给出任何结果（"什么都没有"）作为回应，团队成员开始恢复他们以前的行为，并且，随着"什么都没有"的继续，团队成员表现出新行为的频率逐渐减少，直到团队中没有人分享最佳实践和个人学习。

2. 哎哟——落在线上。团队成员开始慢慢走向新行为，同时开始滑向旧行为。当受到惩罚时（"哎哟"）时，他们会立即纠正自己的行为，转向新行为，但只在最低可接受的表现水平上（25%），频繁程度只够避免进一步的惩罚。行为改变仍然毫无起色，仅仅高于合规水平。

3. 不——结果好坏参半。新行为被成功地启动，但是没有正面强化，所以团队成员恢复旧行为。当消极的结果（不）被用来纠正他们的行为时，团队会暂时服从以避免消极的结果，但当没有激励措施时，团队会再次拒绝。新行为只被部分团队成员采用了。

4. 耶——成功！团队在学习阶段就很早并频繁地得到正面强化（"耶"），导致新行为的积极实践。员工享受积极的结果，并有动力继续发布最佳实践和个人学习。正面强化加上同事间的压力，以及对新行为值得付出努力的认可，使得团队很容易接受新行为。很快，整个团队都表现出了新行为（100%）。

故事的教训

在发展初期，频繁的"耶"对鼓励和强化新行为至关重要。当然，由于团队相信新行为是有价值的，值得花时间和精力做出改变，因此"耶"的结果也额外得到了加强。只要员工相信这种变化能带来净收益，这种情况就会持续下去。ABC模型不是简单的"胡萝卜加大棒"的方法——你可以分发冰激凌，但如果这种改变没有意义，这种行为很可能会消失。成功从来都不是有保证的，也不总是直线上升的，但是对于一个新行为，如果你经常用"耶"来奖励好的行为，且改变的好处对员工来说是显而易见的，那么成功的概率就要高得多。

"线下"与"线上"团队领导者

通过抓住做错事情的员工并实施惩罚（"哎哟"）和说"不"来管理团队的领导者就是我所说的"线下"领导者，他们通过恐吓和威胁来提高员工的绩效。相比之下，"线上"领导者抓住做对事情的员工，相信员工想做好工作，并且主要使用"耶"来激励员工，以提高绩效。这不是一个单纯的激励员工提高绩效的问题，而是通过积极的鼓励、令人信服的目标和积极的认可来激励员工提高绩效。

> "线下"领导者抓住做错事情的员工，通过恐吓和威胁来提高员工的绩效。
>
> "线上"领导者抓住做对事情的员工，相信员工想做好工作，并且主要使用"耶"来激励员工，以提高绩效。

总结

不要被误导——塑造一种新行为并不能全靠"小红花"。员工是人，他们在学习新行为的过程中会出现失误和经历挫折。因此，使用一些"线下"结果让员工来回到正确的轨道上是非常正常的。有时，"不"可能是最有效的纠正方法。在严重的情况下，"哎哟"也可能是最有效的。但关键是要用"耶"来通过自主（"想要"）努力提高绩效。

以正确的频率和比例给出结果

项目经理经常不能以正确的频率给出结果。给出结果是管理行为最有效的过程。然而,当结果被以错误的频率和比例给出时,行为效果可能令人失望。在一种行为可能带来的四种结果中,有三种是我们不想要的——"不""什么都没有"和"哎哟",只有一种是我们想要的——"耶"。因此,如果随机给出这四种结果,员工有3/4(75%)的机会得到他们不想要的结果,只有1/4(25%)的机会得到他们想要的结果——这不是一个好的概率。更糟糕的是,如果我们看看职场中实际给出正面强化的频率,大多数员工都会告诉你,他们收到的"耶"(工作中的表扬、赞赏或认可)的比率不到25%,可能接近10%或更少!

"耶"是一个贝壳游戏。贝壳游戏是一种小把戏,一个小球或豌豆被显示给玩家看,然后藏在四个贝壳中的一个,如图6.6所示。游戏操作者快速而巧妙地移动贝壳,由玩家对豌豆的位置下注。由于操作者的手非常灵活,玩家通常会猜错。它有时被称为"骗局",因为游戏操作者引诱你玩一个被操纵的游戏。在工作中追求"耶"就像玩贝壳游戏,你要从四种结果中找出一种("耶"),但你不确定何时、何地、如何获得认可(类似于找到豌豆)。就像贝壳下的豌豆,被认可的地方对你来说并不明显,你的上司就是游戏操作者。当然,你的上司并不想欺骗你,但这仍然是一个结果游戏,由你的上司控制,每个人都在"自信地"玩(有关管理上司的更多信息,请参见技能8。)

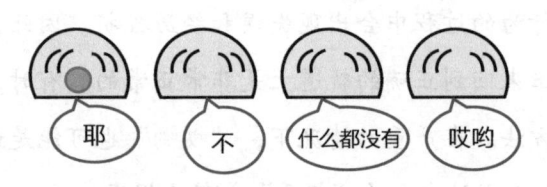

图6.6 "耶"是一个贝壳游戏

类似于贝壳游戏，在工作中获得认可的概率很低（不到10%），而且获得"耶"的过程也很困难。获得"耶"成为员工的猜谜游戏，因为游戏由上司控制。这本应该是一个公平的游戏，但许多员工会告诉你，得到"耶"的概率非常低，令人失望。

作为员工或主管，认识到我们在工作中玩的游戏——得到"耶"的概率不到10%令人大吃一惊，这比随机概率（1/4或25%）低得多，也比拉斯维加斯的赌博游戏成功概率低得多！此外，你无法控制上司的行为，而且反馈也不总是明确的。至少在骰子游戏和21点游戏（一种纸牌游戏）中，你直接参与了整个过程，而且结果是明确的。你能想象在玩21点游戏时，虽然大多数时候得不到什么回报甚至更糟，你仍继续下注吗？这听起来很可笑，但在工作中很常见——做你的工作（游戏），努力（下注），你的上司却不给你任何反馈（"什么都没有"）或对你的工作挑毛病（"不"）。事实上，你工作得到的是报酬，但是"耶"关乎激励和感受，而不是补偿。你的工资是硬通货；对你的认可是软通货，员工需要两者才能对自己的工作感到满意。

如果系统只是一个机会游戏，每次完成一项任务，你都有25%的机会得到表扬和奖励，那么你在工作中会有更多的动力。这听起来很傻，但是每天玩一个你只有10%的机会得到认可的游戏不是也很傻吗？或许这就是美国员工满意度低于50%的部分原因。为什么我们还要继续玩只有10%的机会得到认可的游戏？也许团队领导者认为员工很乐意拿到薪水作为他们的"耶"，他们已经接受表扬和认可不常见的事实。在这种情况下，从长远来看，你最多能取得中等或偶尔高于平均水平的绩效。

好消息是，作为团队领导者和"游戏操作者"，你可以通过增加给出"耶"的频率来改变游戏，带给你的员工更多鼓励和快乐。耶！

项目经理往往不能按正确的比例给出结果。 我们知道"耶"很少发生，但其他三种结果的比例也可以得到更好的管理，以提高员工绩效。在员工眼里，组织中典型的主管通常会回应"什么也没有"，有时会回应"不"，很少回应"耶"，还时不时地发出一声"哎哟"。典型的员工回应是，"我通常不会从上司那里得到太多关于我工作的反馈，如果有，通常是因为我做错了什么"——"哎哟"。

当项目经理通过无回应（"什么都没有"）、负面反馈（"不"）或恐吓（"哎哟"）来管理时，四种结果的比例被扭曲为不想要的结果（如图6.7所示，用气泡大小反映比例）。对于那些害怕项目经理的员工，收到"什么都没有"的回应即被视为取得小胜利，员工也会接受将"什么都没有"作为伪"耶"——没有消息就是好消息。这不是你想对待员工的方式。当员工收到大量的"不"和"哎哟"时，这是引发遵从行为（"不得不"）的准则。人们不愿意说出来或冒险，因为他们害怕结果。相反，他们可能会共同选择完全不同的游戏，如"我不输就行"（低主动性和厌恶风险），或者"我只是按照别人说的去做"（低责任），这两种都是被动的回避行为。

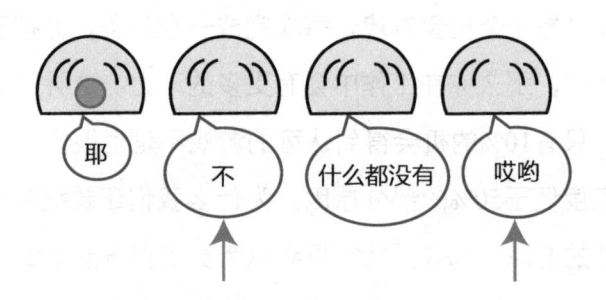

图6.7 激励"不得不"行为的结果

团队领导者如何看待自己。与员工的看法相反，团队领导通常对自己的行为有更乐观的看法。他们认为自己的行为是正面的、激励性的，积极地给予员工表扬、认可和鼓励。他们认为"不"很少被给予，"哎哟"非常罕见（如图6.8所示，用气泡大小反映比例）。一些主管认为，"作为团队领导者，我会确保员工在工作中感到被尊重、重视和激励。我每天都会表达我的感激之情。至于我自己，我自我激励——我不需要有人拍我的后背"。

团队领导者的看法 **员工的看法**

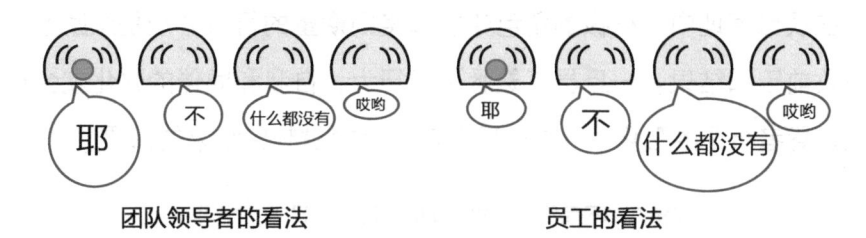

图6.8 团队领导者和员工的不同看法

员工如何看待他们的团队领导者。通常员工认为团队领导者给予的大多是"什么都没有""不"，还有一些"哎哟"，而团队领导者通常认为自己给予的大多是"耶"。为什么员工和团队领导者的看法存在差距？很明显，来自团队领导者的正面结果并没有被接受，"什么都没有""不""哎哟"，员工认为发生的频率要高得多。记住，一个"耶"要想有效，就需要真诚、一致、准时、注重价值观和个性化（技能4：SCOOP）。太多时候，感谢没有具体和个性化。此外，拍拍后背或小饰物通常被认为是不真诚的、缺乏人情味的，有时甚至是冒犯他人的。一个"耶"必须对接受者有意义，才能被其感知为积极的结果。此外，项目经理需要意识到，负面反馈通常会被员工无限放大并记忆得比正面反馈长久。

将缩小团队领导者的看法和员工的看法之间的差距作为目标，并且认识到，"什么都没有"和"不"给人的感觉很像，而"不"和"哎哟"给人的感觉也很像。透明度和同理心可以在很大程度上减少意外结果。

获得正确的结果组合对于维持高团队绩效至关重要。四种结果的正确比例取决于工作类型、行为和环境。下面是关于行为强化的一般指南，使用简单的"耶"和"不"的比例来强化行为（见表6.3）。请记住，这些比例可能需要根据环境、工作类型、劳动力构成、风险和工作场所的不同进行调整。高绩效组织通常会提供4：1~6：1的"耶"和"不"比例。要想塑造新的行为或打破旧习惯，"耶""不"强化必须经常、有效地给予。在项目管理中，积极的角色建模和奖励期望的行为分别是激励新行为的有效前因和结果。一旦员工熟悉了新行为，自我和同伴的强化就会代替团队领导者给予的强化，并减少团队领导者提供频繁结果的需要。

表6.3 不同行为要求不同比例的"耶"和"不"

行为类型	"耶"对"不"的比例
维持/改进一个常见的行为	4:1
学习一个新行为	6:1
学习一个关键新行为或者打破旧习惯	8:1

管理正确的过程以实现期望的行为

在大多数情况下，当员工表现出期望的行为时，最好立即给予正面的强化。延后给予会大大降低塑造和强化新行为的有效性。这里是一个有效、实时的辅导工具，供项目经理管理并给予员工"耶"和"不"。

当你观察到期望的行为时，请尽快与员工会面，并执行以下操作：

1. 描述情况和员工表现出的具体的期望行为。
2. 描述有利的结果或效果。
3. 给予正面反馈——对行为或结果如何影响你、团队和/或组织进行评估，并表达真诚的感谢，这会强化期望的行为。

当你观察到不受欢迎的行为时，请尽快与员工会面，并执行以下操作：

1. 描述情况和员工表现出的具体的不受欢迎的行为。
2. 描述不利或不适当的结果或效果。
3. 提供纠正性反馈——对行为如何对你、团队和/或组织产生不利影响进行评估，并询问员工哪些行为应该会更有效。表扬员工的良好回应；

如果回应不好，那么详细地告诉员工期望的行为，并解释为什么它是首选（强化）；然后询问员工你是否可以期望他在未来表现出这种行为。感谢员工对改变的承诺。

最后，ABC盒子模型为塑造和管理员工的行为提供了一种有效的、易于记忆的策略。秘诀在于了解你想要的CSB，设置正确的前因（A）来提示那些关键行为（B），然后通过有效地利用结果（C）来塑造和维持这些行为。这项技能可以改变游戏规则，使你感到更有知识、更有信心，并准备好成为一个更积极的领导者，帮助他人表现出他们的最佳状态。请记住，只要你怀着帮助他人成功的意图和诚意去使用它，ABC盒子模型就是一种激励工具，而不是操纵工具。

技能6记忆卡

激励正确的行为
使用ABC盒子模型获得所期望的行为

前因：开始行为
1. 为人们的行为建立正确的基准，如政策、标准、目标和价值观
2. 价值观是激励正确行为的最有效前因

行为：你希望人们如何行动和互动
1. 定义正确的行为来推动正确的结果
2. 确定团队中符合组织和团队期望的关键成功行为（CSB），并将其纳入工作计划

结果：发生在行为之后
1. 以正确的频率和比例使用四种结果，以获得正确的行为效果：正面强化（耶）、负面强化（不）、没有强化（什么都没有），以及惩罚（哎哟）
2. 被强化的行为会被重复
3. "耶"是维持期望行为的最有效的工具
4. 做一个"线上"领导者，关注人们做的正确的事情，而不是做一个"线下"的领导者，关注人们做的错误的事情

技能6总结

毫无疑问，在任何组织中，员工都是最大的财富，员工的行为决定了团队的成败。这项技能为定义和管理对组织成功至关重要的员工行为提供了一个简单实用的模型。作为团队领导者，没有什么比管理和促进员工正确的行为、行动和互动更重要的了。

激励员工行为的是价值观，拥有清晰、引人注目的价值观是你作为项

目经理成功的关键。在任何组织中，你都必须拥有正确的价值观来驱动正确的行为，以正确的行为来驱动正确的结果。简言之，如果员工以正确的方式做正确的事情，就会得到正确的结果。要使价值观发挥作用，就需要将其转化为具体的、正确的行为，员工可以在工作场所理解、实践和强化这些行为。

一旦定义了正确的价值观和行为，激励员工展示这些关键行为就是项目团队管理的本质。ABC（前因—行为—结果）盒子模型为你提供了一个易于记忆的系统，来激励期望的团队行为。你需要正确的基础或前因（盒子A）来唤起正确的行为（盒子B），你需要给出正确的结果（盒子C）来强化那些期望的行为。前因是启动行为的理性工具，而结果是维持行为的情感动力。影响行为的四个主要结果是正面强化（"耶"）、负面强化（"不"）、没有强化（"什么也没有"）和惩罚（"哎哟"）。

有效管理结果是好领导和坏领导的关键区别。每个团队领导者在管理行为时都有选择——你可以以积极和鼓励的方式（耶）或以消极和惩罚的方式来管理（"不"和"哎哟"）。这主要取决于你是想关注人们做的正确的事情，还是关注人们做的错误的事情。后者驱动遵从性行为和平庸的绩效，而前者则会导致更大的自主努力和更高的绩效。

成功管理工作行为取决于你以正确的比例、频率和时间来管理结果的能力。然而，你的员工可能不会以同样的方式看待你的预期结果。要塑造正确的行为，必须同时采取正面和负面的强化措施来提高员工的绩效。ABC盒子模型是一个强大的便利工具，可以激励你期望的团队行为。

第7章

如何在面对变化、问题和新挑战时取得成功

第7章 如何在面对变化、问题和新挑战时取得成功

变化、问题和新挑战有什么共同点？它们都涉及管理的不确定性。在项目管理中，不确定性是正常的、可预期的、不可避免的，也是工作中固有的。你必须应对在项目执行、进度、预算、采购、合同签订、技术及领导员工中的不确定性。项目管理中没有什么是可预测或可保证的，所以你最好善于管理不确定性。

管理不确定性是一个怎样的人际关系问题？不确定性导致人们的恐惧——通常表现为担忧、关心和焦虑，过度的恐惧是导致不良行为、冲突和不良绩效的根本原因。恐惧造成的最不利的行为之一是风险厌恶，克服不确定性带来的恐惧影响的一个关键行为是冒险。

要运营一个成功的团队项目，避免风险不应成为你的选择，你必须冒险。通过管理项目并带领团队经历变化、冲突、问题和新挑战，你就是在冒险。你需要帮助你的团队冒险寻找更好、更快的方法来完成任务，尝试新的方法来解决问题，并改进工作流程。

如果不克服恐惧的负面影响，你就不可能成为一个好的风险承担者。恐惧是与生俱来的，你无法摆脱或抑制它。要成为一个有效的项目经理，你必须有效地管理恐惧和冒险。遗憾的是，这是一项艰巨的任务，因为每个人都在某种程度上与冒险的恐惧做斗争。是什么阻碍了人们抓住新的机会、努力工作和追求更高的成就？为什么让团队做出重大改变并尝试新事物如此困难？很明显，不确定性和风险使人们感到心神不宁、不稳定和不安全。当人们喜欢稳妥行事时，很难推动团队前进。那么，如何克服目前在许多项目经理和团队中普遍存在的过度恐惧和风险厌恶呢？技能7消除了风险厌恶的根本驱动因素，并教你如何管理不确定性和恐惧，使你受益。

案例 7.1

越野锦标赛——风险承担者

越野赛跑不是高中学校最迷人的运动，但它是最具挑战性的运动之一。参与者是一小群非常敬业的人，他们在各种天气和路况条件下长距离、艰苦地赛跑。在北加州当地的一所高中，越野赛跑选手中有一个叫莎拉的年轻女孩，她是一个非常喜欢跑步的高二学生。她喜欢教练、训练、团队友谊，以及与该地区的其他跑步者比赛的机会。她不是跑得最快的人，但她表现得很好，进入了校队。在比赛中，她总是全力以赴，并取得了不错的成绩。

在一个普通赛季之后，该队获得了赛区的第三名。由于在本地赛区的良好成绩，该队有资格进入年底分区冠军决赛。为了准备决赛，该队进行了为期两周的艰苦训练，提高他们的力量和耐力以冲击冠军。遗憾的是，不断增加的训练使莎拉筋疲力尽。因为同时忙于期末考试和跑步练习，莎拉生病了，错过了最后的几次练习。她是否身体健康并有足够精力去参加跑步比赛，让人生疑。团队以为她会错过比赛，但是她仍然对自己能参加比赛抱有希望；如果不能参赛，她也很满足，因为至少能在现场观赛并为团队加油。

在比赛的那天早上，莎拉吃了一顿丰盛的早餐，她感觉良好，认为自己可以参加比赛。她将在比赛开始前决定是否参加比赛。很明显，这次比赛是非常特别的，这个州有超过40个队伍参加比赛，他们来自3个不同的赛区。这条越野路线是4英里（1英里≈1.61千米）的长途跋涉，起点在开阔草地的一端，然后道路逐渐缩窄，直到一个砖石铺砌的大门口，接着通向

2英里长的山路。这项比赛是莎拉团队参加的最高级别比赛，团队计划在首轮比赛中排在最后。预计他们将在竞争高中中排名靠后，排名靠前的州赛跑选手将占据主导地位。

当队员站在起跑线上时，他们惊讶地看到莎拉在那里。这给了团队动力，但真正让他们感到吃惊的是莎拉所说的话："看，队友们，比赛只有一次机会，我们可以做到最好——让我们把它变成一场大家都记得的比赛。"队友似乎受到了她的鼓励，她进一步说："要想取得好成绩，我们必须努力跑，并且紧跟比赛中最好的队伍。"

莎拉知道比赛的关键是紧跟最好的队伍尽快到达大门。她敦促团队"尽力去争取"，和领头人在一起，"为了胜利而跑"，而不是和人群一起跑在最后。她的许多队友突然开始担心起来，向莎拉表示，这是战略上的最后一刻改变，而且考虑到竞争选手的水平，这将是一次不可能完成的任务。其中一个队友说："如果我们试图和领头人一起跑，我们会累死的。"莎拉回应道："跟我来。"就在那一刻，选手们被召集到起跑线上。一群来自15所学校的选手们，做好准备等待裁判叩响发令枪。

选手们四散奔跑，争抢位置，最后汇成一个巨大的长矛般的队形，沿着平缓的、有露水的斜坡向大门处飞奔而上。前1.5英里是一段宽阔、笔直的路程，选手们似乎要花很长时间才能爬上长长的、长满青草的草地斜坡。每个选手都知道尽快到达大门是最后取得好成绩的关键。莎拉也知道这一点，她与100多名选手全力以赴地跑向那个大门。那支占优势的队伍如预期的那样一直处于领先位置，但当跑到斜坡一半时，一位穿着黄绿相间的衣服、戴着1160号牌、个子矮小的比赛选手果断地冲刺到人群前面，成为这个长矛队形的前端——这位选手就是莎拉，如图7.1所示。紧随其后的是她的两个队友，和她一起用力向坡上跑。有几个穿着黑色运动衣的顶级选手紧随其后，莎拉带领整个队伍到了斜坡的顶端，正当她的对手想在大门处压过莎拉时，莎拉加快脚步，把所有的女孩都甩在了身后并冲过了大门。当莎拉经过时，教练惊讶得说不出话来，站在大门处的观众也是目瞪口呆，难以置信。

图7.1　正跑向大门的1160号——莎拉

如果这是个童话故事，我们可以相信莎拉和她的队友接下来赢得了那场比赛。实际上，很快莎拉和她的队友又消失在人群中。但令所有人高兴的是，她们坚持到了最后，最终名列第三；那是一场伟大的比赛，团队取得了比她们原先期望的更高的成绩，但当她们冲过终点线时，肯定没有这种感觉。莎拉在她的团队中获得了第一名，但这对她而言可能是最艰难、最痛苦的比赛。总而言之，女孩们付出了巨大的努力，莎拉也付出了她拥有的一切。但莎拉努力赢得比赛是过于冒险和愚蠢的行为吗？她有没有觉得"我永远不会再那样做——那是愚蠢的"或者"天哪，我觉得自己像个傻瓜，把团队逼得这么厉害"？

赛后，一位观众想知道她为什么要冒这么大的风险，问道："难道你没有意识到你疯狂的开始可能会毁了你和你的团队的整个比赛吗？"她笑着说："当然！但我不在乎。我不会坐以待毙。我相信我们能做到。这是我们拥有的最好的机会，为什么不去争取一下呢？这很难，但我会克服的。"莎拉完全没有遗憾和失望。事实上，在接下来的一年里，她的经历使她成为本地区最好的选手之一——她参加了州决赛，一年后，她代表一所一流大学参加了越野赛跑。

总结

这个故事是关于恐惧、不确定性和冒险的。莎拉在比赛中的决定和行动说明了，在项目管理中当面临变化、问题和新挑战时，项目经理必须拥有的思维和行为。

▲ **不冒些风险就做不成大事。**很明显，高成就和成功需要行动的勇气及冒险精神。基于莎拉当时的身体状况和面临的巨大挑战，她的确勇气可嘉，她的精神和勇气也鼓舞了她的队友。作为项目经理，你需要挑战并鼓励员工尝试新事物，改进工作流程，提出新想法，创造新产品，而不是害怕冒险。

▲ **作为领导者意味着要克服许多恐惧。**人们自然而然地会向他们的团队领导者寻求指导和方向，但当面对变化、问题和新挑战时，人们不会盲目地去冒险。当莎拉敦促队友跑得更快时，她的队友有些抵触。这就是考验你的意志和内驱力的时刻。作为团队领导者，你不仅要处理不确定的情况，还要帮助团队克服恐惧，因为恐惧会导致团队意见不一致、冲突、拒绝和批评。这种不满情绪会让任何一个团队领导者犹豫、退缩，甚至失去信心。然而，从更高层次的要求来说，项目经理需要克服这些顾虑，信任成员的能力，并愿意像莎拉在比赛中所做的那样"努力去争取"。

▲ **冒险是一种行为。**莎拉的故事说明了冒险是一种行为，而不是一个过程。在这项技能中，风险被定义为失去、失败及产生不良结果的可能性。技能7不是关于风险评估和风险管理的，这两者都是过

程。这项技能把冒险看作一种行为。测试冒险者相对于非冒险者的思维和行为，了解让人们厌恶风险的心理障碍，为你和你的团队改善风险行为。你可以找到大量关于风险管理的文献资料，但很少有关于冒险行为的文章，这是团队领导者和项目经理的一项重要技能。在讨论这项技能中的冒险行为时，我们将从莎拉的故事中吸取更多的教训。

> 技能7不是关于风险评估和风险管理的，这两者都是过程。这项技能把冒险看作一种行为。

不确定性、恐惧和风险如何影响员工：黑箱效应

也许和大多数人一样，你想冒更多的风险，但关键时刻似乎又不能真正面对。或者相反，你认真思考，收集更多的信息，并进行分析和讨论，权衡你的选择，看看其他人做了什么，等待批准，等待合适的时机，或者等待更好的事情发生。人们为什么要等待？为什么不试试看呢？是什么阻碍了人们？人们想挣脱束缚，冒更多的风险，但精神"枷锁"往往过于牢固。

冒险是一种具有不确定性的行为，类似于打开黑箱。有一种对未知的恐惧——你不确定这是恶作剧、陷阱还是好事。不知道箱子里面藏着什么，你和其他人阻止自己进入太快、太深。你不确定会发生什么，你感觉无法控制整个局面。因此，在这项技能中，黑箱的概念被用来比喻风险、恐惧和不确定性。

对大多数人来说，面对任何未知的因素而感到焦虑是自然的和常见的，你的恐惧感并不会对你的性格产生负面影响。当面对来自变化、问题

或新挑战的风险时，你的谨慎可能源于你的生存本能和过去的负面结果。不管你在职业生涯中有多少积极的经历，最让你心烦意乱的是让你感到痛苦的那些经历，这会损害你的冒险能力。

在项目管理中，当面对变化、问题和新挑战时，三个主要的不确定性（潜在的"黑箱"）就会出现。我称之为"冒险中的三个不确定性"，它们分别对应于技能6中提到的ABC盒子模型中的一个盒子，如图7.2所示。这三个不确定性代表了你和你的团队需要克服的关键心理障碍，以便能成功地管理变革、解决问题和迎接新的挑战。

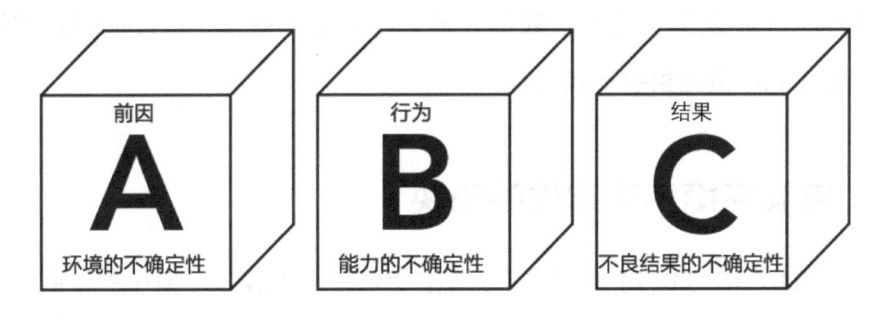

图7.2　冒险中的三个不确定性：环境、能力、不良结果

A.环境的不确定性（前因，盒子A）：不知道变化、问题或新挑战的含义、难度和范围。

B.能力的不确定性（行为，盒子B）：不确定技能和能力能否在应对变化、问题或新挑战时成功执行所需行动。

C.不良结果的不确定性（结果，盒子C）：这些变化、问题或新挑战所带来的潜在失败的可能性和其他不良结果。

示例　在越野赛中，莎拉注意力高度集中，积极性很高，能把恐惧和不确定性控制在适度水平：（A）环境——她对赛道及其长度很熟悉，但她从未参加过锦标赛，也没有和这些顶尖选手一起参加过比赛；（B）能力——她不确定她和她的团队将如何承受快速的初始速度和全程竞争；（C）不良结果——她不知道比赛将如何展开以及她的团队将何去何从。

冒险是指面对三个不确定性的因素时所采取的行动。由于这三个不确定性正好平行对应于ABC盒子模型（技能6）中的三个盒子，因此我们将使用此模型来理解冒险者和非冒险者之间的差异，以及他们对盒子A（前因或环境）、B（行为或能力）和C（结果或后果）的独特看法。莎拉的故事很好地说明了这三个不确定性、ABC盒子模型如何被用于冒险，以及冒险者和非冒险者的特征。在这项技能中，术语"冒险者"和"非冒险者"既指个人也指团队。现在让我们分解一下冒险的秘诀，以及如何克服环境、能力和不良结果的不确定性。

克服环境不确定性的秘诀

正如我们在技能6中学到的，人们作为和不作为受三个盒子的控制：前因（A）、行为（B）和结果（C）。基本上，前因可以被视为机会或威胁的提示、促进和指令。盒子A代表你对环境的看法，比如当你面对改变、问题或新挑战时。你是否将环境（前因）视为机会或威胁决定了你的响应。人们常被机会吸引而排斥威胁。

在越野比赛中，莎拉把比赛项目和快速起跑的策略（前因）看作赢得比赛的机会，而其他人则把它看作输掉比赛的威胁。成功的团队和冒险者看到机会的地方，非冒险者看到的却是潜在的风险。盒子A无论是机会还是威胁，对前因的不确定性和恐惧都可以被视为可接受的风险或不可接受的风险。不可接受的风险被视为黑箱——也就是说，它要么带来太多的风险而无法继续，要么带来太多的不确定性而无法被信任。

尽管对于冒险者和非冒险者来说前因是完全相同的，但冒险者和非冒险者的认知是不同的。冒险者不把前因视作黑箱，而把它看作机会。他们

第7章 如何在面对变化、问题和新挑战时取得成功

对将要发生的事情特别好奇，愿意接受挑战，也很兴奋，而非冒险者将同样的前因视作骗局或陷阱，确保安全总比后悔好。基本上，冒险者欣然接受新环境带来的不确定性和恐惧，并视作礼物，而非冒险者将其视为潜在威胁或黑箱。换句话说，莎拉和其他冒险者并不害怕奔向机会（前因）来体验变化、解决问题或迎接新挑战，而非冒险者发现不确定性和恐惧是不可接受的，因此倾向于丢掉同样的机会，如图7.3所示。

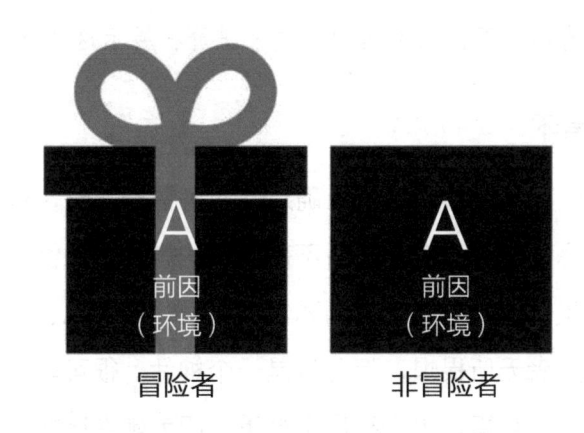

图7.3 新环境对冒险者是礼物，而对非冒险者则是威胁

把环境看作机会还是威胁取决于你的价值观、信仰、情感、经历和性格。这种人力因素的混合，往往会导致犹豫、等待、退缩、回避，而不是抓住机会。第一个盒子在冒险中是最重要的，因为一旦你选择丢掉一个机会，其他的盒子就都不重要了。另外，你的来自新环境（盒子A）的经历（记忆）可能影响你对其他两个不确定性（盒子B和盒子C）的未来展望和采取的行为，我们将在本章后面讨论。

示例 警察、消防员和其他急救人员有着特殊的勇气，他们积极面对定期遇到的新挑战和紧急情况。他们被迫在生死关头采取行动，并将其视为行善、帮助他人和挽救生命的机会。这种动力来自他们的价值观、信仰、良知、情感、经历和性格。这就是促使他们冒险的原因。这是危险的工作，但对他们来说，这样做是正确的，如果他们不相信自己能挽救生命

和财产，他们也不会这么做。他们是真正的冒险者，冒着生命危险帮助他人和挽救生命。但是，你也可以在其他公共服务机构、非营利组织和相关行业的很多职业中找到勇敢的冒险者，如能源、教育、工程、金融和医学，以及项目管理。此外，人们在买房、经营小企业、投资教育、生孩子和其他很多情况中都会冒险。你可以在我们的社会中找到勇敢的冒险者和英雄。冒险并不是一种特殊的、狭隘的技能，而是一种常见的行为，我们都可以在不同的环境下，以不同的方式来评价和展示这种行为。

恐惧是好是坏

当一个团队在某些事情上缺乏确定性和可预测性时，冒险者和非冒险者都容易感到恐惧和不安全。随着不确定性的增加，恐惧也随之增加。无论是冒险者还是非冒险者都会经历恐惧的表征，如担忧、担心和焦虑。尽管人们常说冒险者无所畏惧，但那只是一个神话。很可能莎拉和她的队友一样，对跑步感到焦虑，也许程度更严重，因为她在比赛前没有进行过太多的训练，但莎拉带着恐惧和焦虑所做的事情让她与众不同。恐惧是一种原始的、本能的人类情感，每个人都经历过，它不仅是与生俱来的，而且也是生存所必需的。这意味着冒险是一种有意识的心理行为，可以学习和管理。如果管理得当，恐惧可以成为你的盟友，激励你展现出更高的水平。正是对恐惧的管理区分了冒险者和非冒险者。

冒险并不是为了消除恐惧，而是为了拥抱它并利用它来为自己谋取利益。恐惧有好处也有坏处——极低程度的恐惧会让你和你的团队自满、满足和被动，而适度的恐惧能帮助你集中注意力，采取行动，完成任务，但过度的恐惧会导致你和你的团队回避、停止不前和绩效不佳。由于面对不确定性而产生的恐惧对一个人绩效的影响，可以用钟形曲线来表示，如图7.4所示。理论上，适度的不确定性和恐惧最有利于实现最佳绩效。你的最佳绩效也是你的风险阈值——任何小于你的最佳绩效的风险（在风险阈值左侧）被视为可接受的风险，任何超出你最佳绩效的风险（在风险阈值右侧）被视为不可接受的风险（黑箱），表示你将转嫁风险或退出挑战。秘诀在于当你遇到变化、问题和新挑战时避免过度恐惧和不安。过度恐惧和不安会让你进入"黑箱"区域。

> 适度的不确定性和恐惧最有利于实现最佳绩效。

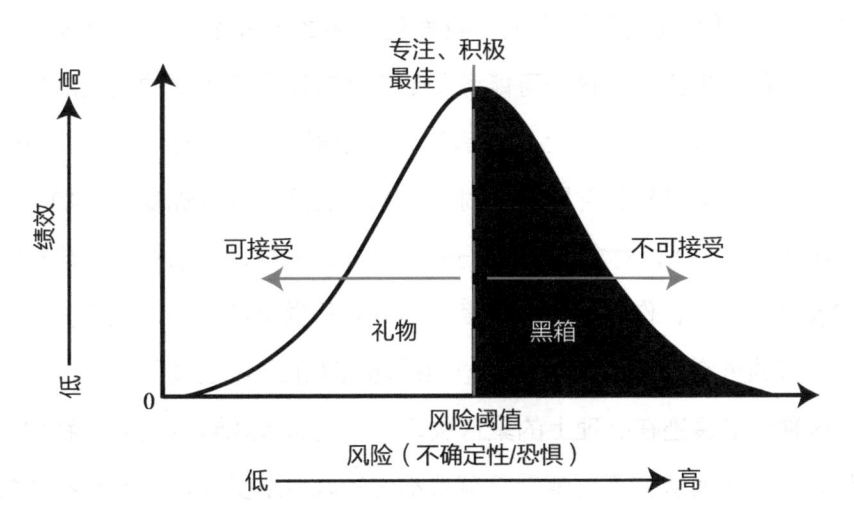

图7.4　恐惧对绩效的影响用钟形曲线表示

减少对环境不确定性的恐惧

在比赛中，莎拉直面她对环境的恐惧并控制它，不让它把自己推入"黑箱"区域并降低自己的绩效。她对恐惧表示欢迎，并利用它来掌控比赛，而不是让恐惧控制她。她的行动帮助她的团队跑得更快。莎拉克服了比赛不确定性带来的恐惧，把它作为动力并引导她积极行动，而不是袖手旁观，无所作为。莎拉通过启动新的策略来控制恐惧，减少了新环境的不确定性（前因）。

员工面对新挑战和风险时有不同反应

恐惧是影响每个人的内在因素。每当你赢了或失败，或者你对改变、问题或新挑战是机会还是威胁做出判断时，你在内心深处留下了我称之为记忆痕迹的东西。如果你反复感知和判断变化、问题和新挑战是消极的，你就会调整自己，以避免冒险；相反，如果你经常把事情看作积极的，你就会训练自己去寻求胜利。问问自己，你的第一思维通常是消极的还是积极的？你是更悲观还是更乐观？我发现大多数人的第一思维都是偏消极的、怀疑的、批判的，这很可能源于他们经常得到不想要的结果的成长经历（"不""哎哟""什么都没有"，见技能6）。因此，这些消极的冒险记忆痕迹会逐渐累积并降低你对风险的承受度，导致你变得更加厌恶风险，不仅对盒子A，对盒子B和盒子C也一样。同样，当积极的冒险记忆痕迹被反复强化时，你的风险承受度几乎不知不觉地增加，以至于你学会了识别更多的风险，也会影响你对盒子B和盒子C的思维定式。

这种记忆痕迹在心理上的聚合决定了你的总体风险承受度。我们经常发现，员工和团队在不同情况下有着不同的风险承受度，如启动不熟悉的项目、重组团队，或者采用新技术。每个人都拥有不同的风险承受度，这取决于他的价值观、信仰、感受、经验、知识、技能和对特定环境的熟悉程度，如图7.5所示。如果将冒险者的一般风险状况与非冒险者相比，我们可以看到冒险者相较非冒险者的风险阈值或风险承受度更高。更高的风险承受度意味着钟形曲线更靠右，表明个人可接受的风险范围更大（0~3）。相比之下，非冒险者的风险阈值比冒险者低得多，可接受的风险范围也更小（0~1），使钟形曲线向左移动（较低的风险承受度）。图中的基本情况代表了大多数人，个人可接受的风险范围是0~2。范围0~1和范围0~3分别是非冒险者和冒险者的"舒适区"。

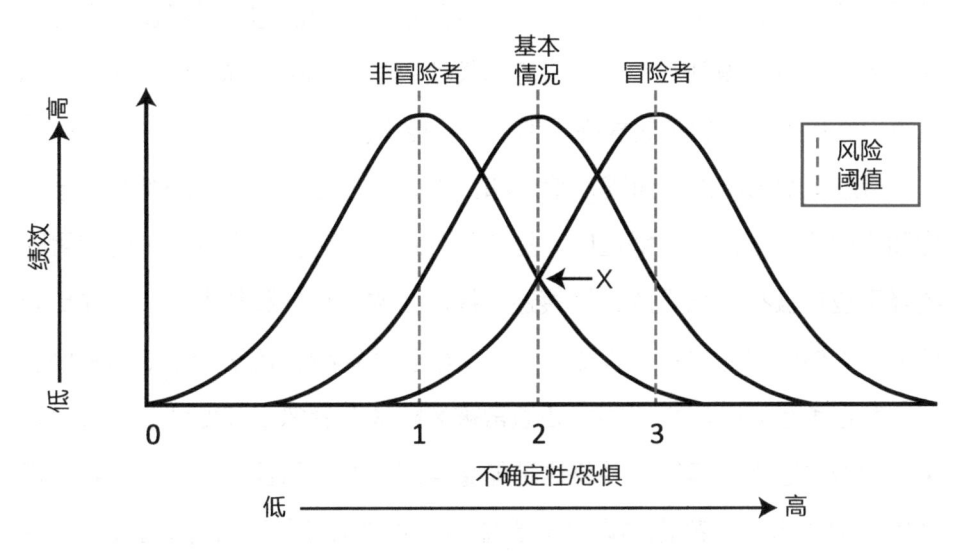

图7.5　冒险者和非冒险者的风险承受度概况

冒险者和非冒险者运行在不同的曲线上——对于冒险者来说，3代表恐惧和不确定性的最佳水平，而对于非冒险者来说是过度的。风险厌恶型个体有一个较低的恐惧和不确定性最佳水平（1）。因此，在具有相同的风险水平（图7.5中的X）的给定机会（基本情况）中，像莎拉这样的冒险者是非常乐意接受挑战的［可接受的风险；X在她的钟形曲线的左侧，在她可接受的范围内（小于3）］，而非冒险者会感到不舒服，会错过同样的机会（过度的风险；X位于他们的钟形曲线的右侧，超出了他们的舒适区域）。

构建风险承受能力

冒险是一种后天习得的行为，但你的风险承受能力是从经验和辛勤工作中构建的。经验和辛勤工作帮助你提高风险承受能力。常言道：你的技术越熟练、知识越渊博，你就越有动力去采取行动。在团队成员不知道的情况下，莎拉习惯了这样的风险，因为她以前也冒过类似的风险。项目团队也一样——当你的团队一起工作，经历美好的和困难的时期，从而积累了更多的经验时，你和你的团队就会接受新的机会。你从承担新的风险中学到的是"你能做到"；你从冒险和失败中学到的是"你会活下来"；你从每次经历中学到的东西提高了你的冒险能力。

通过了解团队的价值观、信念和假设并增加你的知识、经验和机会，你和你的团队可以扩大舒适区，提高风险承受能力。每次寻求风险和冒险的经历应该被视为积极的记忆痕迹，提高了你的技能和能力——你在更频繁的冒险中学习并提高了技能。你不仅学会了冒险，还学会了如何更好、更明智地承担风险。学习的好处通常被风险厌恶者忽视和低估。通过学习承受消极的恐惧和情绪，并将这种能量重新引导到积极的、富有成效的行动中，你将稳步提高你的风险承受能力（如图7.4所示，钟形曲线向右移动）。从迈出一小步开始，为你和你的团队创建持续的积极记忆痕迹。这并不意味着你开始鲁莽行事。作为第一步，练习控制你的恐惧，把新挑战当作积极的机会而非消极的威胁。秘诀是训练自己和团队采取第一步行动——控制局面，减少环境的不确定性。莎拉采取新的策略，使她成功地掌控了比赛，减少了新挑战的消极影响。

总结：克服环境不确定性的最佳技巧（前因，盒子A）

▲ 把变化、问题和新挑战（前因）看作"礼物"机会，而不是"黑箱"威胁。

▲ 适度的不确定性和恐惧是好的，它会让你更加专注、积极，并提高你的绩效。

▲ 控制你的恐惧；否则，恐惧会控制你，把你送进黑箱。

▲ 不喜欢冒险的个人和团队的风险承受能力相对较低，这会降低他们

对新机会采取行动的能力。避免陷入低风险的舒适区。
▲ 通过把消极的恐惧和能量导向积极的、机会主义的思维和行动来提高你的风险承受能力。
▲ 成功的冒险是一种后天习得的行为。当你和你的团队在冒险中获得更多的经验和积极的记忆痕迹时，你对于所有三个不确定性的风险承受能力将得到提高（图7.5中钟形曲线右移），并且你的可接受风险范围和舒适区将扩大。

🔒 克服能力不确定性的秘诀

冒险者将新的环境和挑战（前因）视为"礼物"机会，迫不及待地打开它们，而非冒险者则把相同的情况看作具有不可接受的不确定性的"黑箱"，并将等待并避免风险。你的恐惧和风险承受能力不仅影响你对前因（新的挑战、机会、变化和问题）的态度，还会影响你的行为。正如我们在前因（盒子A）中的发现那样，冒险者和非冒险者对新情况的反应也会表现出不同的行为（盒子B）。

不确定性在你的内心制造了一种精神空虚（不确定性空白），就像"黑箱"的内部，除非你能反作用于"黑箱"，否则内心会自然而然地被恐惧填满。你成功应对不确定性的能力在于你如何在自信和自我怀疑之间保持平衡。低风险承受能力的非冒险者倾向于用自我怀疑和悲观填满盒子B，他们对自己和自己的能力感到不确定。换句话说，他们用更多的不确定性来填补他们的不确定性空白，就如同向火中添加燃料。他们的"行为"盒子变成了"黑箱"——被恐惧、忧虑和消极的想法弄得漆黑一片。他们的行为被他们的恐惧所控制，导致他们克制和退缩。他们放弃对恐惧情绪的控制。这导致不作为、抵制和回避。相比之下，冒险者用自信、乐观和对自己的知识、技能及能力的确定性来填补他们的不确定性空白，如

图7.6所示。

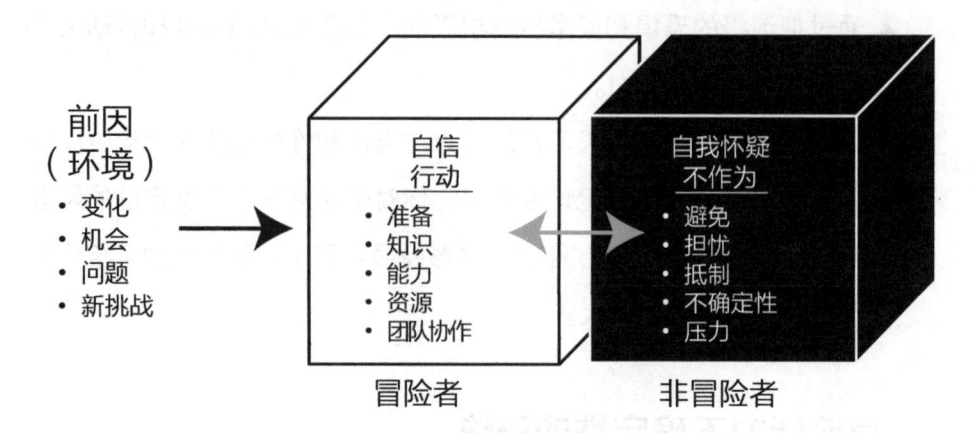

图7.6　冒险者采取行动，非冒险者回避或退缩

你的自信受他人、资源、人际关系和支持的影响很大。这就是团队和团队合作在项目管理和风险承担方面如此重要的原因。当身后有鼓励、支持和为你加油的人时，你会更敢于冒险。通过相信自己和让别人相信你，你在面对变化、问题和新挑战时会获得更大的信心。

优秀的项目经理和团队会采取行动，通过良好的团队协作、实践、知识、能力、准备、支持和资源，减少他们对能力不确定性的担忧。

从本质上说，盒子B代表了你的自信水平，你的行为反映了你对自己和团队的信心。正如我们在技能3中学到的，没有什么比做真实的自我更重要的了，所以你要相信自己，做你自己——这需要你相信自己的判断力和能力。

如果你相信自己，得到良好的支持，并且对自己的技能、知识和能力有信心，那么你的行为（盒子B）就会变得更自信、坚定，寻求冒险；但是如果你怀疑自己的能力，那么你的行为盒子B就变成了一个装满不确定性和恐惧的"黑箱"。简言之，冒险者充满自信，相信自己，而非冒险者则充满自我怀疑，不相信他们自身的能力，这就产生了黑箱效应。

当面对一个新的环境或前因（盒子A）的不确定性时，秘诀在于你的内在动机驱使你开启行动。当管理能力的不确定性（盒子B）时，秘诀是要有自信，相信自己有能力以伟大的目标和决心采取行动（行为）。当你对自己的能力不自信时，恐惧会自然而然地潜入，并自动填补你内心中那个不确定性的空白。你如何对抗恐惧决定了你是一个冒险者还是一个非冒险者，以及你是一个成功的项目经理还是一个不成功的项目经理。当恐惧呼叫你时，你怎么回答——是自我怀疑还是充满自信？你是将钟形曲线向左移动，进入自我怀疑的防御状态，还是向右移动，拒绝让恐惧获胜而采取自信的行动？成功的冒险者不仅会将钟形曲线向右移动，并减少恐惧的影响，而且他们也能够用自信、行动、乐观和前瞻性的心态来对抗恐惧。换句话说，恐惧变成了警钟，需要采取集中、紧急、果断的行动。当恐惧来临时，冒险者会变得忙碌起来。他们利用恐惧为自己谋取利益，把它当作行动的召唤。

> 当恐惧来临时，冒险者会变得忙碌起来。

大多数非冒险者更喜欢稳操胜券，选择不作为，认为可以通过规避风险来避免不良结果；然而，不作为只会避免行动，不会避免不良结果。不作为也有自己的一套合理化解释和结果。

▲ 失去的机会：你错过的机会可能不会再出现。

▲ 后悔：人们对自己所做的事不后悔；他们很后悔他们不做的事。

▲ 借口：你总能找到不做某事的好理由。

▲ 恐惧：不作为只会强化一直阻碍你前进的恐惧。

▲ 时间：没有时间去寻找机会是一个常见的不作为的合理化解释；合

理化解释就是借口。

▲ 信心下降：不作为是一种削弱你的信心、增加自我怀疑的行为。

▲ 安逸：很多人不喜欢冒险，因为冒险让人很不舒服；他们更喜欢待在自己的舒适区，这可能会成为一个心理陷阱。

▲ 旁观者效应：观察比参与更安全，但是如果你不参与就不可能赢。

总而言之，对于盒子A来说，冒险者将他们的恐惧转移到控制和减少环境的不确定性上，而对于盒子B，冒险者利用恐惧来采取行动，以增加他们能力的确定性。这两个概念我们会在下一个例子中进行说明。

案例 7.2 第1部分

克服演讲的风险和恐惧——前两步

经过几个月的规划、研究和分析，公司福利团队准备推出新的401（k）雇员退休计划。迈克是一位训练有素、经验丰富的福利和投资顾问，他的任务是在公司办公地点之一展示新计划。他不喜欢发表演讲，并一直致力于在网上进行推广，但领导团队倾向于进行面对面会议。对迈克来说，这个挑战不是"礼物"机会，而是"黑箱"威胁。他以前做过演讲，感觉很紧张，也很困难。他找他的上司倾诉，他很担心，并承认他不擅长演讲，肯定不会有好的表现。他想知道自己应该做些什么来更好地应对这个新的挑战。他的上司建议他和朱迪谈谈，朱迪是公司经验丰富的管理教练。

迈克立即约见朱迪，当他们在她的办公室见面时，迈克分享了他对演讲的恐惧。下面是他们的对话。

朱迪（带着同情的语气）：迈克，并不是你一个人对演讲感到担忧。

公开演讲是人们最害怕的事情之一，但我想我能帮你。我发现很多像你这样的人在演讲时感到不自在（他们把演讲看作"黑箱"）。他们通常抱着最好的希望，做好最坏的准备，祈祷自己能顺利完成。他们觉得自己不擅长演讲，可能会失败。我发现很多人是如此害怕发表演讲，以至于还没开始他们就已经认输了。恐惧控制了一切，对他们的思维产生了不利影响［他们用自我怀疑和悲观填满了盒子B（行为）］。这就是为什么公共演讲对许多人来说是一场噩梦。

迈克（点头）：我同意你刚才所说的话，但你如何帮我解决问题呢？

朱迪：嗯，克服你对公开演讲的恐惧需要采取三个心理步骤。首先，我知道你害怕做公开演讲，但这很好，因为恐惧会给你动力、专注和能量。秘诀是把这种能量当作一种积极的动力，而不是消极的动力。

迈克：我怎样做才能把恐惧当作积极的动力呢？

朱迪：将消极的恐惧和情绪转化为积极的动力，采取行动减少环境的不确定性，让恐惧为你工作。利用恐惧为自己谋取利益并控制它；否则，它会控制你（前因，盒子A）。

迈克：我该怎么做？

朱迪：第一步，控制整个过程。制定议程和明确的时间表，并确定演讲的流程。参观场地，熟悉房间和设备的使用方法。把房间布置得让你觉得舒服。同时，制定策略来处理演讲中最让你感到焦虑的因素。例如，如果你担心面对面提问，你可以让参与者提前把他们的问题写下来，这样你就可以挑选你想要回答的几个问题。你也可以提前征求问题。我相信你还能想到其他的策略，但关键是通过控制这一步来减少恐惧，从而减少演讲环境的不确定性。

迈克：这些都是好主意，我当然能做到。第二步是什么？

朱迪：第二步是解决引起你恐惧的问题。

迈克：那会是什么？

朱迪：不确定自己是否有能力进行有效的演讲（行为，盒子B）。

迈克：我不确定自己的能力，因为我知道自己不擅长演讲。我该怎么处理？

朱迪：这步和第一步很相似，但不是通过控制去减少环境的不确定性，而是通过采取积极的行动来增加你对自己能力的信心。

迈克：那是什么意思？你能给我举一些例子吗？

朱迪：采取行动来帮你在演讲方面建立自信并提高技能，如做好准备、勤加练习、学习和做一些研究。安排你的朋友和同事一起在实际的房间进行排练。当你采取富有成效的行动，寻求他人的帮助时，你会建立更大的信心，并对自己的能力感到更加肯定和乐观。做一些有成效的事情来减轻你的压力。

迈克：我还要去见一位图形专家，让他告诉我怎么做才能呈现出更好的视觉效果。

朱迪：没错，你明白了。通过做好充分的准备来建立你的自信。这需要努力工作、获得良好支持和勤加练习才能获得更大的确定性和信心。

迈克：我喜欢这些建议，但我还是担心在现场观众面前我该怎么做。

朱迪：哦，那很简单。

迈克：真的吗？

朱迪：面对现场观众，你能做的最能增强自信和提升能力的事情很简单，就是在你的演讲中做你自己。做你自己，诚实、用心地去表达，而不是照着脚本念。如果你不知道问题的答案，就说："我不知道，但我会帮你找出答案的。"观众喜欢坦诚的演讲者。当你照本宣科的时候，人们把你看成演员或信使，而不是真实的人。请相信自己，知道自己是谁，从而消除恐惧。做你自己是最好的演讲方式，而且更简单，因为做你自己不需要任何额外的准备或排练。

迈克：哇，真厉害。做你自己，掌控一切，与他人合作，并采取行动……我都喜欢。谢谢你，朱迪。但我还是担心一件事，如果我做了这一切还是会失败呢？我知道这是消极的想法，但我情不自禁。

朱迪：那是第三步开始的地方。但在谈这一步之前，让我们休息一下，怎么样？

第三步将在接下来的内容中说明。

总结

▲ 对于成功的冒险，盒子A是关于控制和减少环境的不确定性，盒子B是关于采取行动以增加能力的确定性。

▲ 当面对变化、问题和新挑战时，自信引领行动，而自我怀疑导致更多的恐惧、不确定性和不作为。

▲ 只有当你对自己的能力和动机感到不确定时，行为盒子才会变成"黑箱"。

▲ 相信自己，提高自己的能力和技能，坚定信心。

▲ 用自信和乐观来填补任何不确定性的空白，而不是自我怀疑和悲观。

▲ 当你与那些鼓励你、支持你和为你加油的人在一起时，你会获得自信和乐观。从支持你的人身上汲取信心。

▲ 把恐惧当作行动的召唤——重新引导，把任何消极的恐惧和精力投入积极的、富有成效的行动中。

▲ 当挑战超过你的风险承受能力，你必须谨慎行事的时候，记住，不作为是有结果的——不作为只会避免行动，不会避免不良结果。

克服不良结果不确定性的秘诀

在ABC盒子模型中，冒险者和非冒险者对盒子A和盒子B有不同的看法。冒险者看到的机会多于威胁（盒子A），他们的行为（盒子B）是自信和行动导向的，而非冒险者的行为表现为自我怀疑和不作为。但冒险者和非冒险者之间最重要的区别在盒子C，他们如何管理不良结果的不确定性。

非冒险者乐于玩结果游戏

正如技能6中所讨论的，每种行为都有一个结果。四种可能的结果之一发生在行动之后：正面（"耶"）、负面（"不"）、没有结果（"什么都没有"）、惩罚（"哎哟"）。特别在项目管理中，结果很难控制和预测。

非冒险者乐于玩盒子C"骗局游戏"（贝壳游戏，技能6）——努力工作，希望获得"耶"而不是"不""什么都没有""哎哟"。但是得到"耶"的机会是不确定的，而且你的结果通常掌握在你的上司、客户或其他人的手中。对于非冒险者来说，盒子C是一个"黑箱"——你不确定，不能控制你的结果。得到一个"耶"类似于在贝壳游戏中寻找豌豆，因为它不常见，不可预测，而且由游戏运营商控制。如技能6中所述，员工大多时候获得的是"什么都没有"和"不"，还有一些"耶"和"哎哟"介于两者之间。当获胜的概率很低的时候还有这么多人听天由命去玩这个骗局游戏，真是太神奇了。还有什么替代办法？你有另一个选择：不要玩骗局游戏——跳出盒子来思考。

成功的冒险者不会玩骗局游戏

成功的冒险者不仅看待前因不同，认为它可以导致不同的行为，而且选择不去玩四个结果游戏。太拘束了。盒子C只包含四个结果；这个结果是未知的，而你又不能掌控。所以冒险者不会玩骗局游戏，也不会被可能发生或可能不会发生的负面结果所困扰。他们不会规避消极结果；他们采取行动取得积极成果。

> 他们不会规避消极结果；他们采取行动取得积极成果。

对于成功的团队和冒险者来说，盒子C并不是一个装满可怕的不想要的结果的"黑箱"，他们相信结果会是一场胜利（"耶"）的信念（如图7.7所示）。他们没有妄想症，也认识到他们的行为可能导致不好的结果，但如果是这样的话，就像莎拉所做的那样，他们会"处理好它"。他们相信自己不仅能抓住机会，采取行动，而且能纠正行为、减轻压力或从任何不想要的结果中简单吸取教训——这是一种态度，"不管发生什么，我们都能解决它。"所以他们不仅表现出自信，同时对他们的足智多谋、韧性和从不良结果中修复过来的能力充满信心。这都是冒险的历程。冒险者不害怕盒子C是一个"黑箱"——他们不像非冒险者那样担心不想要的结果。接受"不""什么也没有""哎哟"是成功的一部分。

正如我们在技能6中学到的，员工通常收到的大多是"什么都没有""不"，偶尔还有"哎哟"。当游戏被操控去支持没有强化及不想要的结果时，员工表现出比冒险行为更多的风险规避行为。难怪有这么多人和团队都喜欢规避风险！他们更喜欢遵守规则，谨慎行事，避免不必要的结果。

相比之下，成功的冒险者选择不玩被人操纵的游戏，而喜欢玩自己的游戏——冒险者跳出"黑箱"。他们愿意抓住机会，并公然拒绝玩贝壳游戏。他们有前进的能力（技能5，向前滚球）。相比之下，非冒险者乐于玩骗局游戏（盒子C）。他们习惯了这个过程，对放弃控制和玩游戏感到满意。这使他们能够避免承担结果，因此即使出了问题，他们感觉也很安全。

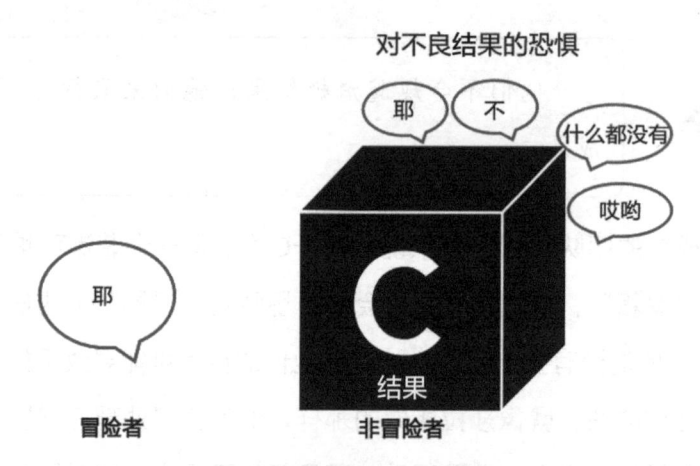

图7.7　冒险者跳出"黑箱"

总之，冒险者不怕承担结果，并勇于负责。这使他们能够继续控制和加快恢复或修复被破坏的过程。冒险者希望获得自由，跳出"黑箱"，不依赖骗局。他们不局限于四种结果——他们控制和定义自己的结果。你不能通过玩骗局游戏来成为冒险者。打破把你引向骗局的束缚，通过跳出"黑箱"来解放你和你的团队。

案例 7.2 第2部分

克服演讲的风险和恐惧——第三步

让我们回到迈克和朱迪的对话中来，继续他克服演讲恐惧的探索。

迈克：朱迪，我要用你描述的前两个步骤来控制我的恐惧，把它们引导到有成效的行动中去，但我还是觉得面对听众讲话时会不舒服。如果我把演讲搞砸了怎么办？如果我忘了我的观点怎么办？如果观众表现不友好怎么办？如果我浪费了时间怎么办？如果……

朱迪：让我打断你一下，你的担心非常重要也有道理，但"如果……怎么办"的问题恰恰是恐惧思维的另一种迹象。纵容太多的"如果……怎么办"是不健康的；它只会加剧你的恐惧。所有那些你提到的"如果……怎么办"的问题都是糟糕的结果（"不"和"哎哟"）。与其让恐惧控制你的思维，不如控制并确信结果是好的。

迈克：你是说我应该用积极的思维？

朱迪：不完全是。就像我之前说的，你对自己能力的不确定性会产生恐惧，我们可以将恐惧引导到富有成效的行动中，让你对自己的表达能力更有把握和信心。但你的"如果……怎么办"问题是担心结果的不确定性，你对可能失败的恐惧看起来会很糟糕。

迈克：这不是每个人都担心的吗——把事情搞砸？

朱迪：如果我能百分之百地向你保证你的演讲会很顺利，你会怎么想？

迈克：我会很高兴，但你怎么能这么肯定呢？

朱迪：在回答你之前，如果你知道自己要参加和发表演讲，而且结果会很好，你会有什么特别的感觉？

迈克：我会感到放松和快乐。但这怎么可能？

朱迪：秘诀在于对你演讲的结果感到确定，而不是不确定。要做到这点，你不仅可以通过努力工作获得对自己能力的信心，而且可以提前知道，对自己来说，只有三种可能的结果：第一，演讲很好，没有问题；第二，演讲很棒，一切都很顺利；第三，这是一次美妙的学习体验！就这样！没有别的结果了——你有三个确定的结果，我保证：这将是一次好的、伟大的或奇妙的学习体验。你不能输；不管怎样，你都将取得成功——这是绝对肯定的。更好的是，结果在你的控制之下——你来控制局面。所以，如果你想对你的演讲感到放松和快乐，只需记住三个必然的结果！现在你不再担心糟糕结果的不确定性，而是肯定会有好的结果（"耶"，跳出盒子思考，盒子C）。另外，放松和快乐的心态会使你的演讲更真诚、更自信。现在你知道克服演讲恐惧的秘诀了吧！

如果你想知道迈克的演讲怎么样，你可能要知道——它是三个必然结果之一。迈克的故事说明克服演讲的风险和恐惧需要三个心理步骤，它们在风险承担的三个不确定性中是平行的：环境的不确定性（前因），能力的不确定性（行为），以及不良结果的不确定性（结果）。这个新的三步模型和三个确定的结果不仅是进行良好演讲的关键，而且有助于在面对项目管理中的变化、问题和新挑战时克服不确定性和恐惧。

总结

▲ 不要让不想要的结果吓跑你——不要采取行动避免负面结果；采取行动实现积极的成果。

▲ 不要受"黑箱"里的四个结果所制约和依赖；你可以控制和定义自己的结果。

▲ 即使事情的结果对你不利，也要对自己和团队有信心，纠正行为、减轻压力或只是从任何不想要的结果中学习——相信你的能力和智慧。

▲ 从骗局游戏和四个结果中挣脱出来，跳出盒子思考，并押注三个确定的结果：好的、伟大的和奇妙的学习体验。

冒险如何助你成功

莎拉的团队在她出人意料的勇气的带领下奔向终点。迈克通过控制、采取行动和了解三个确定结果而能够鼓起勇气面对恐惧。迈克获得的自信和莎拉勇敢的奔跑证明了冒险的意义——新的环境就是机会，构建能力需要努力工作和自信，而坏的结果往往发生在你选择留在"黑箱"里。当接受这些关键概念时，你就准备好做出改变，解决棘手的问题，并迎接新的挑战。

当面对变化、问题和新挑战时，你可利用以下事实来激励和鼓舞你的团队成为更好的冒险者并获得成功：

▲ 高成就需要冒险。

▲ 回首往事，你可能发现，当你冒险时，美好的事情发生了——你最美好的时刻很可能就是你的主动性和个人行为的一个结果。

▲ 成功的冒险者认识到过去的失败促成后来的成功——失败是成功的一部分。

▲ 通常你会发现，好的成就在一开始很难取得，而且往往遥不可及，可一旦承诺了，你就会全力以赴。

▲ 很可能是因为敢于冒险、敢于改变、敢于发声、敢于挺身而出、敢于尝试新事物、敢于挑战自己，从而增强了你的自信，提高了你的能力。

▲ 认可过去的成就和成功——你过去的冒险经历可能比你意识到的更积极。

▲ 你在成功和失败上的记忆痕迹使你能够成为一个更好、更聪明的冒险者。

▲ 做一个好的冒险者会给别人跟随的勇气和灵感。

技能 7 记忆卡

面对变化、问题和新挑战时克服恐惧
避免黑箱效应

克服环境的不确定性
1. 高成就需要冒险——拥抱新挑战,把它视作"礼物"机会,而不是"黑箱"威胁
2. 将消极的恐惧和能量转移到行动中,以减少环境的不确定性——控制你的恐惧或让恐惧控制你
3. 通过实践、经验甚至失败,提高风险承受能力

克服能力的不确定性

4. 当面对不确定的变化或问题时,通过努力工作、实践、训练和源自他人的支持来增加自信,从而获得信心
5. 相信自己,做自己——相信自己的判断力和采取行动的能力
6. 不作为只会避免行动,不会避免不良结果

克服不良结果的不确定性
7. 不要让不想要的结果吓跑你——不要采取行动避免消极结果;采取行动取得积极成果
8. 当不良结果发生时,要相信自己的智慧能解决它
9. 跳出"黑箱"思考,你一定会做得好、很棒,甚至很了不起

技能 7 总结

作为项目经理,冒险是你工作职责的一部分。在项目管理中,你做的每件事都存在不确定性和风险,所以你一定要擅长冒险才行。风险厌恶是高绩效的最大障碍之一,如果你等待、退缩或避免艰难的挑战,你就无法

实现雄心勃勃的目标。冒险对项目经理来说是一项基本技能。

技能7提供了一个有效的模型，帮助你理解冒险者和非冒险者之间的差异，以及如何提高你冒险的能力。这项技能与风险评估或风险管理（属于过程）无关，而是关乎管理冒险，它是一种可以习得的行为。

你的冒险行为是你过去的经历、记忆痕迹和结果的副产品。管理冒险就是要理解你的恐惧、不确定性和风险承受能力。在项目管理中，有三个不确定性因素，它们各自对应ABC盒子模型中的一个盒子：（1）环境的不确定性（前因，盒子A）；（2）能力的不确定性（行为，盒子B）；（3）不良结果的不确定性（结果，盒子C）。冒险者和非冒险者对待前因、行为和结果的方式不同。非冒险者和风险厌恶者容易将新的变化、问题和挑战（前因）视为潜在的威胁；恐惧和不确定性让他们产生自我怀疑（行为）；他们乐于玩不利的"骗局游戏"（结果）。

冒险是一种具有不确定性的行为，类似于打开一个"黑箱"。你感到不确定，无法控制。"黑箱"是高度的不确定性和恐惧的一个隐喻。威胁、自我怀疑和恐惧会在不确定性和失控占主导地位的员工中造成黑箱效应。相比之下，冒险者将新的环境视为机会而不是威胁；他们的行为是自信和行动导向的，而不是自我怀疑和不作为的；他们更喜欢定义和控制结果，而不会让结果控制和恐吓他们。

每当面临恐惧和不确定性的挑战时，你有两个选择：（1）你可以在面对挑战时乐观、自信，并在他人的支持下控制和战胜恐惧；（2）你可以走开，不作为，让恐惧充满你的内心，使你变得自我怀疑、担心和被动。冒险并不是消除恐惧，而是面对恐惧并利用它为你带来好处。恐惧有好处也有坏处——极低程度的恐惧往往会让你自满和被动，而适度的恐惧有助于你采取行动，但过度的恐惧会导致你逃避和绩效不佳。

这项技能提出了新的和独特的原则、策略和过程，用于改善你的冒险行为：黑箱效应、冒险中的三个不确定性因素、三个心理步骤和三个确定的结果。这些工具将使你和你的团队能够承担更多的风险，并克服项目管理中的变化、问题和新挑战带来的恐惧和不确定性。

第8章

如何赢得上司的青睐和提高影响力

技能8是你与上司共事时所需要的最难、最重要的人际关系技能之一。这并不是因为你的上司控制着你的薪酬、工作职责、工作目标和绩效预期，而是因为你和上司的关系会影响你的健康和快乐。你从上司那里得到的帮助、支持和认可的程度极大地影响你的幸福感和动力。没有什么比拥有一个好上司更好和拥有一个坏上司更坏的事情了。这项技能为你提供了策略、工具和技巧，帮助你加强与上司的关系，扩大自己的影响力，并与一个难相处的上司共事。

与上司合作愉快：你的幸福取决于此

哈佛商学院对近2万名员工进行的一项调查显示，受到上司尊重的人身体健康状况更好，心理健康状况更好，对工作的满意度更高。此外，许多其他研究也表明，你的快乐、敬业、压力、挫折和承诺的水平与你和直接上司的关系密切相关。其中一项研究是盖洛普对7 272名美国成年人进行的调查，结果显示，有1/2的人在职业生涯的某个阶段曾离职，以逃避上司，改善自己的整体生活。此外，由高度"敬业的经理"管理的员工也更有可能敬业。

与上司保持良好的关系对你的快乐和幸福很重要。同时，你的上司也会影响你的团队的生产力、效率和领导力。你的上司可以是工作的推动者，也可以是破坏者，这取决于你"向上管理"的能力。

相互依赖

在这项技能中，上司被定义为你的主管、管理者，或者指导、评估和正式监督你日常工作绩效的人。上司与员工之间的关系建立在相互依赖的基础上——上司依靠你的知识、技能和经验来完成项目，而你依靠你的上司来获取资源、工作方向、优先次序、时间安排、质量和内容。如果你有一个有效的上司，你希望他能为你的工作提供智慧、远见、见解和灵感，成为你的领导者、教练、导师和拥护者。你的职责不是盲目服从，而是理解并将上司的期望转化为对你有意义并与你的能力相匹配的一系列行动。

上司和员工之间的相互依赖创造了一种伙伴关系，但这也是一种从属关系，在这种关系中，你的上司通常比你拥有更多的组织知识、权力和权威。此外，在你的组织中，可能对上司和员工有不同的对待，如头衔、办公设施、特权、资源和信息访问权限。但是，主管和员工之间在职位、权力和信息方面的不平衡不应该发展成在尊重、信任、诚实、正直和尊严方面的不平衡。

> 主管和员工之间在职位、权力和信息方面的不平衡不应该发展成在尊重、信任、诚实、正直和尊严方面的不平衡。

遗憾的是，由于恐惧、职位权力和上司的潜在拒绝，员工往往不愿意畅所欲言、分享自己的兴趣、辩论不同的观点或与上司变得更熟悉。他们发现，更好的办法是和睦相处——不要兴风作浪，要埋头苦干。正如技能7中所讨论的，对很多人来说，上司是一个"黑箱"——充满恐惧、不可预测性、约束和不确定性。

在任何关系中，你对对方了解得越多，你就越能理解对方，越愿意与对方沟通，相处得也越好。在职场中，人际关系中最重要的一些人力因素包括：了解什么能激发和削弱双方的积极性，双方的沟通和工作偏好，以及双方喜欢如何被对待——总之，了解什么能让你们每个人都发挥出最好的一面。这听起来很简单，但你会惊讶于上司和员工之间的相互了解是多么的少。

示例 当上司和员工被问及如何改善他们的工作关系时，双方的回答是可以预见的,"更好地了解对方"。这是正确的答案,但除了偶尔聊天,大多数上司和员工很少做出努力以了解对方。例如,上司和员工可以问对方的一个最好的问题是:"是什么激发和削弱了你在工作中的积极性?"上司不问的最常见原因包括:

▲ "我不需要知道员工的动机;员工应该自我激励。"
▲ "当我进入团队时,没人想知道我的动机。"
▲ "我没有时间担心我的员工是否有动力。"
▲ "我非常精通人力资源管理,员工需要时我会提供动力。"
▲ "如果员工不能自我激励,他们就不属于这里。"
▲ "我避免问员工任何私人的问题。这可能被视为侵犯个人隐私。"

当员工被问到为什么不告诉上司是什么激发和削弱了他们的积极性时,他们的回答包括:

▲ "我真的认为我的上司对我的个人动机和感受不感兴趣。"
▲ "我可以告诉上司是什么激发了我的积极性,但什么都不会改变。"
▲ "我的上司可能认为我在批评他,觉得他需要成为一个更好的激励者。"
▲ "我的上司不喜欢了解这种敏感的事情。"
▲ "我不愿意和上司谈论我的个人喜好。"
▲ "我的上司希望我能自我激励。"
▲ "我的上司知道我喜欢做什么工作,这对我来说已经足够了。"

从这些回答中你可以看出,员工不愿意开诚布公地与上司交谈,因为他们担心上司会采取错误的方式,或者自己不会被欢迎。从本质上说,上司和员工都希望更多地了解彼此,但由于工作场所的模式、流程的缺乏及个人的不安全感,他们各自的偏好仍然是个谜。

不了解的后果是什么

在不了解对方的偏好的情况下,上司和员工会以试错模式运作,并对对方的行为做出假设。换句话说，它变成了一个猜谜游戏。遗憾的是，这是一个对你不利的游戏。如果你不了解自己的上司，你就无法赢得上司的青睐。

而且，当人们缺乏相互了解时，发生冲突的概率也会大大增加。只需要一次严重的冲突或误解，就可以毁掉你和上司的关系。最重要的是了解上司对你的绩效的期望。

绩效预期不佳 在大多数组织中，上司确定工作、战略和优先事项，包括确定工作期望、制定年度目标、监控进展情况及定期进行员工绩效评估。事实上，大多数上司都会将绩效计划和审查视作他们的真正负担。他们似乎毫无用心地走过场，常常绞尽脑汁地说着正确的话，不想太严厉或太宽容。结果，绩效计划变成了一个"摇摆"游戏。

"摇摆"一词指的是上司和员工都不想被束缚在任何事情上，都希望在事情发生变化时有回旋的余地。当然，变化是永恒的，灵活性是重要的；然而，模棱两可的期望对你的工作不利。不花时间和精力与上司一起制订一个清晰而有说服力的绩效计划让你错失了一次机会。这是一次阐述目标，提出新想法，探索新机会，并获得上司对你工作的反馈、优先排序、偏好和意见的机会。换言之，你需要找出是什么让你赢得上司的青睐。你有两个选择：举行一场快速而轻松的计划会议，带着模糊的、摇摆不定的期望离开，或者找出你的上司真正喜欢什么。发现上司喜欢的事情并付诸行动，你就会得到上司的青睐。

> 发现上司喜欢的事情并付诸行动，你就会得到上司的青睐。

更好地了解你的上司并与其建立良好的关系会给你带来更多的机会、

209

认可、信任和支持，尤其是当问题、冲突和失败发生时。赢得上司的信任和信心让你有更多的自由和对工作的控制。然而，当你们之间的相互理解和信任度较低时，你就容易受到上司的不良行为的影响，包括所有员工都害怕的那种行为——被微观管理。

避免所有员工都害怕的行为

当你的上司对你的工作进行过度的控制、审查和监督时，微观管理就出现了。这可能是员工对上司不满的主要原因之一。当上司觉得有必要进行微观管理，或者当员工感到被过度审视时，这是员工与上司关系不佳的一个明显迹象。

微观管理通常源于上司对控制的需要，他们希望确保工作及时、正确地完成，或者他们认为他们的审查有助于你的工作。在内心深处，你的上司可能有密切监督你工作的良好意图，但当你们之间缺乏信任和关系不牢固时，你的上司会感到不确定，这可能导致以下情况：

▲ 对失败的恐惧驱使你的上司控制、检查和批准你的工作。
▲ 担心你不能完全按照预期完成任务。
▲ 不安全感和对问题的恐惧，反过来又会让你的上司更密切地监督你的工作。
▲ 相信密切监督可以防止问题发生，提高生产率和质量。
▲ 认为你可能不会报告或认识到问题，直到问题发生。
▲ 相信仔细检查你的工作会激励你取得更高的绩效。

有这么多微观管理的理由，难怪上司会倾向于这种不受欢迎的行为。微观管理并不好玩，虽然你可以抱怨和责怪你的上司，但这种行为实际上是没有有效地管理并赢得上司的信任而造成的痛苦后果。缺乏信任在任何关系中都是致命的，建立信任需要双方共同努力。当缺乏信任的情况发生时，你肯定会付出代价，因此值得你付出额外的努力来建立信任。记住，你对上司的管理越少，上司对你的微观管理就越多。

> 你对上司的管理越少，上司对你的微观管理就越多。

向上管理的关键

向上管理意味着采取行动与你的上司和管理层建立积极、可持续的工作关系，为你、你的上司和组织创造共同的价值观。当你能有效地向上管理时，你的上司会对你更好，你会得到更多你想要的——信任、尊重、认可和工作的乐趣。

尽管你希望和上司一起工作时更自在些，但你无法控制上司的行为。然而，你可以采取措施改善自己的行为，以及与上司之间的互动，这反过来又可以提高你的影响力和改善工作关系。管理你的上司并与其缩小在信任、误解和绩效期望等相关问题上的差距的关键是变得更加透明，这意味着更积极主动、更投入、更有能力、更有生产力、更有创造力、更有影响力，并支持你的上司、团队和组织。

如图8.1所示，当你无法从上司那里得到你想要的东西时，你有两个基本的选择：保持沉默，继续努力，等待上司注意到你的工作，相信你的上司会从某种程度上了解到你的工作做得很好；变得更引人注目，向上管理，赢得上司的青睐和提高自己的影响力。如果你不表现自己，你的上司很可能不仅会对你和你的工作产生误解，而且会对你持消极或漠不关心的态度。

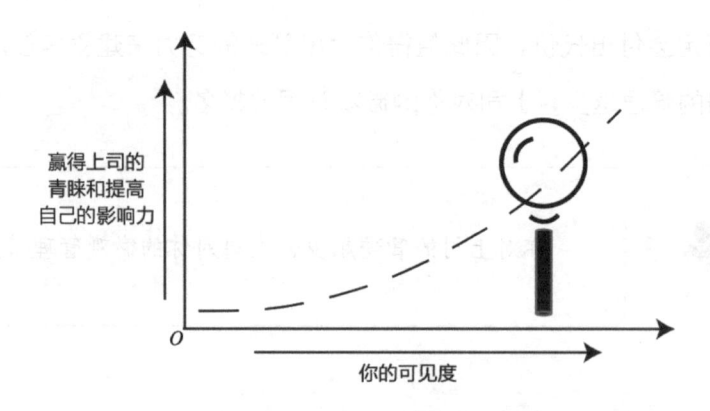

图8.1 增加可见度以赢得上司的青睐和提高自己的影响力

向上管理类似于在你和上司之间举起放大镜,从而通过以下方式增加你的可见度:

▲ 更广泛地了解你是谁——你的多样性、性格、知识、技能、经验和能力,这使你的上司能够更好地看到你的价值观和工作偏好,并改善他的沟通方式,增加对你的信心,加强与你的互动。

▲ 更清楚你为团队提供的技能和能力——这样你的上司就可以在团队项目、任务中更好地利用你的优势和兴趣。

▲ 更加赞赏你为团队的进步和成功所付出的行动和努力。

▲ 更清楚地了解你想要什么,什么事情对你来说很重要,这样你的上司就能更好地理解你的目标、抱负和期望。

放大自己意味着表达你是谁,你想要什么,展示你的优势、能力、经验、知识、才能和价值。你表现出了高度的敬业精神、精力、热情和团队合作精神,如做出色的工作、参加团队会议、自愿承担特殊任务、积极帮助团队中的其他人。放大意味着你的工作质量、生产力和无私的团队合作超出了预期,你的工作有如此大的影响,以至于你的上司会情不自禁地注意到。增加你的可见度不是哗众取宠、吹牛、迎合或夸大你的工作表现,而是扩大你的工作影响,增加你的价值和存在感。

赢得上司青睐和提高影响力的策略

增加可见度对你有巨大的好处，它能在一定程度上让你的上司信任你，对你有信心，并欣赏你的价值。根据我对项目经理、主管和团队领导者的个人调查，为赢得上司的青睐和提高影响力，你可以练习如下七大策略：提高个人敬业度，有敢于尝试的态度，构建个人能力，与上司沟通并保持联系，寻求双赢的关系，成为首选资源，了解上司的偏好。

提高个人敬业度

敬业度是你对工作以及团队和组织成功的承诺的体现。你关心工作的质量和价值，你有动力尽最大努力履行你的承诺，让你的客户满意，满足你的团队的期望。敬业度体现在你的态度、沟通、生产力、行动和互动上。

示例 当你在以下方面做出显著努力时，你会表现出明显的敬业精神：

▲ 积极参与、协作并为团队项目、会议和活动做出贡献。

▲ 表现出对自己和他人的信心和信念。

▲ 当恐惧和悲观占据主导地位时，表达希望和乐观。

▲ 当别人沉默时，大声说出来。

▲ 帮助那些最需要帮助的人。

▲ 积极倾听。

▲ 为问题提供解决方案并改进流程。

▲ 开会总是准时或早到。

▲ 自愿承担其他人不愿承担的重要任务（如应急准备、活动组织、团队代表、慈善志愿者、接待外部访客、会议引导或开放式活动）。

▲ 定期参加可选的工作活动，如聚餐、午餐活动、研讨会、工作庆

典、下班后聚会、市政厅会议和慈善活动。

▲ 为欢迎和培训新员工提供帮助。

其中一些行为可能看起来微不足道，但当你参与、协作、表达自己、做出贡献、准时出现、提供志愿服务和支持他人时，你的上司会认为你是一个无私、关心他人、可靠、负责任、忠诚和敬业的团队成员。这些行为会让你更有影响力，对你的上司和组织更有价值。这并不意味着你开始表现得像一个爱管闲事的人或社交者。事实上，恰恰相反——你能够无声地传递支持、尊重、同理心、团队合作和承诺的信息，这会建立你的声誉，提高你的影响力。记住，"战斗"才刚刚开始。所以，积极参与，不要陷入"太忙"或"有更重要的工作要做"的心态。

有敢于尝试的态度

当你成为发起者、自我启动者、积极进取者、执行者和勤奋工作者时，你会变得更加引人注目。没有什么比努力工作更能吸引上司的关注了。上司喜欢员工可靠地以正确的方式做正确的事情，并且表现出积极乐观的态度。让我们面对现实：没有人喜欢和那些情绪低落、消极、愤世嫉俗、不愿做事的人一起工作。成功人士很容易晋升到高层，得到上司的青睐。敢于尝试的人会产生光环效应——他们会获得更具挑战性的任务、额外的特权、更高的薪水、更快的晋升、更高的回报和认可。当你表现出能把事情做好，并且有一种敢于尝试的态度时，向上管理就会有回报。毫无疑问，敢于尝试的人会受到上司的高度重视。

> 毫无疑问，敢于尝试的人会受到上司的高度重视。

示例 表明你能把事情做好是你能表现出的最有影响力的行为之一，它能对你的上司产生重大影响。展示敢于尝试的态度的一些方法包括：

▲ 在截止日期之前完成你的工作。

▲ 表明你是一个"和"的玩家（"我可以交付多个工作产品"），而不是一个"或"的玩家（"如果我做这项任务，那么我就不能做其他任务——你需要从我的盘子里拿走一些东西"）。

▲ 证明你可以为你的上司改变工作优先级，而不是抱怨——你是一个实干家，而不是一个爱发牢骚的人。

▲ 你很乐意做别人不愿意做的事情。

▲ 你乐于承认自己的错误，并迅速努力改正。

构建个人能力

你可能拥有世界上最敢于尝试的态度，但如果你不能胜任工作，你很可能会暴露自己能力上的弱点，而不是长处。你可以通过不断提高你的技能、知识和经验来构建更强大的能力。大多数组织都有员工培训和发展计划，包括内部培训、实习、轮岗、学费报销、特殊项目和外部培训。与上司合作，就哪些知识或培训能为你、你的上司和团队带来最大价值达成一致。

追求质量而不是数量，学习你的组织在未来三到五年所需要的技能。提高你在写作、商务、计算和沟通方面的技能总是很有价值的，要努力获得技能和经验，这些技能和经验将使你在竞争未来职位时脱颖而出。加强你的知识和技能可以增强你的信心。确保你有能力来支持你敢于尝试的态度。

与上司沟通并保持联系

别让你的上司猜测发生了什么事情。主动与上司频繁沟通，包括面对面接触、会议、电话、电子邮件、短信和即时消息。当你努力让你的上司了解你的工作状况，并分享你上司看重的信息时，这传达了你的忠诚、信任、协作和诚实。这也可以防止你的上司对你进行微观管理。和其他人一样，上司喜欢在环中（技能3），不喜欢"惊喜"。秘诀就是保持简洁、及时和可观察，并将判断留给你的上司。

定期与你的上司联系，确保沟通的频率是有用的，并确定你的上司喜欢什么样的信息。这样你就可以继续改善你的沟通，不断地向你的上司提供好的、有用的信息。

寻求双赢的关系

当你经常与你的上司一起提出新想法、改进措施和解决方案时，你的可见度就会提高。当你与你的上司一起启动和引导变革，而不是为你的想法争论不休时，你会更有效地进行向上管理。永远不要和你的上司争论。当你和你的上司争论时，你正在创造一种赢—输的关系，在这种关系中，不管怎样，你最终都会失败。当你与上司寻求双赢的结果时，你成功的可能性就会增加。当你"下赌注"时，你会得到更多的青睐——这样，当你的上司赢了时，你也赢了。

> 永远不要和你的上司争论……不管怎样，你最终都会失败。

示例 不管你和你的上司的关系有多好，上司还是喜欢掌控全局。当你的上司觉得他赢了时，你就赢了。下面有一些双赢行为的例子，你可以通过练习来表达你的信任和忠诚。

▲ **分享想法、改进和荣誉**：与你的上司合作提出新想法和建议。尽管

你可以独自一人完成这项工作并获得所有荣誉，但你会发现与上司合作会增加你成功的机会，并有助于建立信任。

▲ **成为变革的盟友**：成为变革的引导者，而不是抵制者。积极帮助你的上司执行新政策，并与上司一起支持变革。

▲ **接受领导委派的琐事**：尽管你不想给上司留下你工作量不足的印象，但还是要主动承担上司乐意委派给你的琐事或任务，如参加上司不喜欢的会议、起草会议议程或跟踪行动事项。你通过学习和帮助你的上司发挥领导作用而获胜，这会给你带来更重要的任务。

▲ **解决问题**：解决一个困扰你上司的问题。解决一个令你的上司头疼而你也感兴趣的问题（双赢），比如向你的上司介绍一个节省时间的新计算机应用程序，或者改进你的上司不喜欢的管理流程。

成为首选资源

你希望被视为上司的首选资源——一个在当前领域有价值的信息来源、一个有价值的意见来源、一个新想法的传声筒。让自己成为可靠新闻、数据和问题的"活报刊亭"。拥有强大的人际网络，包括内部和外部专家、内部和外部意见领袖、行业和专业组织联系人、管理联系人、研究人员、顾问，以及其他可以帮你建立信誉的信息来源。

不要给你的上司提供比他需要的更多的信息和分析，尤其是在别人面前——你不想让你的上司尴尬。做一个敢于尝试的、值得信赖的知己，你的上司可以从你这里获取信息和意见。保持专业和尊重；不要成为团队的吹毛求疵者或传播流言蜚语者。当你拥有上司所不具备的洞察力和知识时，你会对上司产生更大的影响。

了解上司的偏好

你知道你的上司喜欢什么和不喜欢什么吗？即使你的上司不像你希望

的那样热情，他对你来说仍然是个谜，也不要绝望。如技能3中所述，了解你上司的性格类型，可以让你洞察他的基本动机和消极动机、优势和劣势以及人际行为偏好。如果你知道你的上司喜欢什么和不喜欢什么，那么你会更擅长向上管理（见表8.1）。

表8.1 上司喜欢的和不喜欢的"向上管理"行为

上司的性格类型	上司喜欢的"向上管理"行为	上司不喜欢的"向上管理"行为
理性者 （思想者）	客观、聪明、战略性、分析性、有竞争力、直言不讳、解决问题、冷静、有能力、直截了当、目标导向	抱怨、发牢骚、软弱、被动、愧疚、情绪化、非对抗性、反应迟钝、行动迟缓、吹毛求疵、无能、冷漠
守护者 （支持者）	忠诚、对工作热情、实干家和勤奋的员工、纪律严明、顺从、有责任感、专注、负责、可靠、务实、有组织、谦虚、不胡说八道、流程导向	懒惰、叛逆、破坏性、哗众取宠、无组织、吹牛、掩饰、只说不做、不稳定、责任心不强、注意力不集中
理想主义者 （移情者）	体贴、尊重、关心、道德、诚实、真诚、有礼貌、亲切、富有同理心、有风度、善于倾听、以人为本	不值得信任、官僚、麻烦制造者、欺骗、操纵、欺凌、有侵略性、支配、居高临下、背叛、不道德、不耐烦、粗鲁、无情
技艺者 （风险承担者）	引人入胜、坚持己见、有创意、机会主义、慷慨、有创造力、有逻辑性、大胆、富有想象力、足智多谋、不一味顺从、行动导向	无聊、久坐、严格、紧张、不灵活、过度谨慎、沉闷、不公正、厌恶风险、不活跃、高度评判、反应迟钝

向上管理和增加你的可见度涉及提高个人敬业度，有敢于尝试的态度，构建个人能力，与上司沟通并保持联系，寻求双赢的关系，成为首选资源，了解上司的偏好。你正在塑造一个强大的自我形象，使你与众不同，以获得更好的机会、更多的青睐和影响力，包括未来的晋升。

如何得到你想要的晋升

向上管理的一个成功结果是获得晋升，以表彰你的辛勤工作、技能的提高、知识的增加，以及对组织的更高价值。晋升的决定取决于你的绩效、经验和能力，以及你所在组织的需求、晋升机会、员工发展目标和薪酬体系。你的上司是决定你能否晋升的关键决策者。

寻求晋升的第一步是学习组织的流程和决策标准。虽然晋升和加薪是相关的，但晋升通常与加薪的处理方式不同。晋升被定义为在一个组织中的等级和地位的提高。它可能来自新工作的选择、新的工作岗位、工作调动，或在确定的职业阶梯内的晋升。你要么符合晋升标准，要么被选为竞争该职位的最强有力的候选人。不管怎样，你的候选资格很大程度上取决于你上司的支持。

一旦你了解了你所在部门的职位晋升制度，请与你的上司进行职业发展讨论，分享你的个人和职业目标。这次讨论的目的是分享你的雄心壮志，同时获得上司关于如何最好地实现你的目标和获得晋升的反馈。听取上司对晋升流程的看法，确认你对晋升标准的理解，并询问上司他认为你晋升的最佳途径是什么，这一点很重要。你不想显得咄咄逼人，但你要公开透明。你想在这次讨论中了解两件事：晋升需要的条件以及获得晋升的时间框架。

一旦奠定了基础，并对自己的职业生涯感到兴奋，下一步就是丰富简历以备晋升。获得晋升的策略与向上管理的策略是一样的——通过出色的工作表现，满足上司的期望，提高自己在上司和关键客户眼中的价值，让自己变得更引人注目。没有什么比让你的客户在你晋升竞选时支持你更好的事情了。

努力工作、聪明工作、与上司合作是很重要的。聪明工作意味着做正确的事情，这通常是你的上司、客户和组织最看重的事情。当你达到并超过上司、客户的期望及公司的晋升标准时，你获得晋升的最佳机会就出现了。如果你做了正确的工作，获得了正确的知识、经验和技能，以正确的水平完成了你的工作，那么你就更容易获得你的上司的推荐。简言之，提高你的绩效，提升你自己。

不要等到简历写得满满的时候才和上司讨论你的晋升前景。在绩效周期中，保持高可见度，让上司知道你的进步、成就和高绩效。尽早、经常地沟通，并且随着时间的推移，稳步地增加你的晋升机会。晋升通常不会在取得一项成就后或年终绩效考核时实现。晋升通常需要很长的准备时间，在此期间，你的上司需要向上管理，并与公司的管理层一起创造一个升职机会。

你能为晋升做的最好的事情就是展示持续的高绩效。当你在一个职位上始终如一地表现出高绩效时，你就很难不被晋升。你需要大量关键成就，以加强你的竞争优势。当你不断取得高水平的成就，并为团队和客户的成功做出明显贡献时，请与你的上司谈谈晋升的前景。

> 你能为晋升做的最好的事情就是展示持续的高绩效。

为上司提供数据和文档是你的责任，以帮助他寻找向管理层举荐你的理由——帮助你的上司帮助你。你的高绩效和宝贵贡献的具体事例将支持你的晋升理由。另外，重要的是要做到既不威胁上司，也不让上司对自己的职位感到不安全。管理上司帮助你晋升的过程也是双方随着时间推移而建立伙伴关系的过程。你要有耐心、聪明、谦逊、尊重他人，并且要非常引人注目。

管理糟糕的上司

与糟糕的上司共事时，你可能会遇到两种最困难的情况，一种是与一个缺乏诚信的人共事，另一种是与一个很难相处且缺乏动力的人共事。这两种情况都将挑战你的人际交往能力，并且需要应用你所学的8种技能中的许多技能——这就是为什么这是本书的最后一部分。

案例 8.1

与上司发生冲突——做正确的事

艾米是Willow Park Systems公司的项目经理，这是一家大型教育软件公司，研发标准和定制的在线学习程序。在Willow Park Systems公司工作之前，她曾在当地一所语言学校成功任教3年。她目前在Willow Park Systems公司的项目是为年轻的、早期学校ESL（英语作为第二语言）的学生们设计软件程序，这些学生将使用该软件程序在学校或家中接受额外的指导。这个为期18个月的软件程序项目是由一家名为First Class的非营利公司赞助的，First Class是Willow Park Systems公司的顶级客户之一。

经过几个月的新软件程序的开发后，艾米和她的团队在大多数项目截止日期前都完成了任务，但预算有点儿超支，并且在图形开发方面有些落后。图形开发方面的落后将使项目推迟两到三个月。另外，几个月后人们明显地发现，该项目的一项关键技术功能需要进行修改，软件才能正常运行。艾米希望获得额外的帮助来解决一些问题，她计划在与她的上司拉塞尔的一次会议上请求得到帮助。会议的目的是为即将召开的季度客户会议做准备。

拉塞尔是一个善良、积极、乐观的人，他散发出一种极具感染力、激励性、敢于尝试的精神。在会议上，艾米回顾了项目状态，并表示除了图形开发，其他任务都已经完成。她估计图形开发方面的落后将使项目推迟两个月，并需要客户提供更多资金。经过进一步的讨论，拉塞尔提出了一些想法，并重新安排了一些工作的优先级，这有助于缓解艾米的一些资源需求，但他们都同意新的日程安排和预算超支是不可避免的。

对于即将召开的First Class客户会议，拉塞尔建议她对项目的状态进行高级别的简要汇报，强调迄今为止取得的成就，并快速展示项目的功能。然后，他会介入并向客户简要介绍下一步的工作及需要进行哪些调整。这是六次客户会议中的第三次，他向艾米保证一切都会好的。

在客户会议当天，艾米和拉塞尔会见了来自First Class公司的三位高级代表，在寒暄了几句之后，会议开始快速审视项目目标、里程碑、工作计划和时间表。艾米强调了项目的进展，并展示了一些已完成的功能、图形和关键特性。在回答了一些技术问题并讨论了一些用户界面的问题之后，艾米得到了一些有用的反馈和客户的认可。但她知道这种荣誉是短暂的，因为她没有透露除了图形问题，还需要修改一项关键技术功能，这将导致额外的日程安排和预算调整。她很高兴她的上司拉塞尔能替她解决这件事。

拉塞尔首先感谢艾米的技术进展报告，并祝贺她和她的团队所做的出色工作。接着拉塞尔立即通知客户，该项目的一项关键技术功能需要修改，但已经确定了一种替代方法，仍然可以满足他们的需求。在提出一些问题之后，客户表达了他们的担忧，但也接受了这种情况。他继续分享，说图形开发进展顺利，但是项目中最具挑战性的部分。这引起了客户的注意，他们问："这会推迟项目吗？"拉塞尔回答说："不会，如果会的话，我们会告诉你们。"

此时，会议结束时间快到了，客户最后询问预算是否仍在正常范围内，以及是否还有其他问题。艾米焦急地看着她的上司，期待他对项目预算提出看法，但他回答说："不，我很高兴地说，一切都在正常进行中。"

然后他转身问艾米："你还有其他事吗？"艾米犹豫地回答说："没有，我没有其他事了。"说完，会议就结束了。

艾米回到办公室，经过一番思考后，她去见了拉塞尔，问他为什么不告诉客户关于项目预算和预期延迟的事情。当她走进他的办公室时，拉塞尔称赞了艾米的简报，并说客户告诉他，他们对她的工作非常满意。艾米感谢他的夸奖，但很快说："我感谢你今天在会议上提供的帮助，但我担心我们没有告诉他们预算问题和需要调整项目时间表。"拉塞尔回答说："嗯，我认为没有必要，我想也许我们可以把成本转移到另一个项目上，或者用其他方式让First Class公司付费。我不担心——我相信你和你的团队会找到一种方法来解决你们遇到的时间和成本问题。我很想多说几句，但我还要参加另一个会议，快要迟到了。再次感谢你的出色工作！"

当天晚些时候，艾米团队的几个成员来到她的办公室，想看看客户会议进行得如何。艾米说一切顺利，客户对我们报告的项目进展很满意。他们问艾米他们的日程安排和预算是否可以。艾米回答说，拉塞尔正在处理这些问题，并在项目工作中大力支持他们。成员们松了一口气，回到了工作岗位。艾米悄悄地关上门，重新开始计划下个月的工作。但她觉得有些不对劲。

故事的教训

艾米和她的上司的困境说明了职场上偶尔会出现的一个问题——诚信。诚信是对自己和他人诚实的状态，这意味着按照自己的价值观和信仰行事，做正确的事情。这个故事引发了关于拉塞尔和艾米的诚信问题：

> 诚信是对自己和他人诚实的状态。

▲ 回顾艾米的故事，你认为谁有诚信，谁没有？

▲ 当艾米的上司拉塞尔没有报告项目时间表需要调整、项目预算需要增加而仍然说一切都在正常进行时，他是否诚信？显然，拉塞尔不想传递坏消息，让客户不安。他认为什么都不说是对的。拉塞尔提出的"把成本转移到另一个项目上，或者以另一种方式向First Class公司收费"的建议，你觉得可以接受吗？

▲ 艾米在会议上保持沉默，或者告诉她的团队拉塞尔正在处理预算和延期的问题，从而让他们认为一切都很好，这是她表现出的诚信吗？她认为避免冲突是正确的做法。

▲ 你认为拉塞尔和艾米选择不向他们的客户说实话是不诚信的吗？为了保护人们的感情或保护组织的更大利益，不把整个故事告诉他们是对的吗？当手段只是少量信息不公开或预算花招而不是真正意义上的大事件时，目的是否证明了手段的正当性？

是什么激发了艾米的行为

如果你也遇到了类似的情况，你的上司站起来自豪地宣称你的项目已经步入正轨，而你知道它没有，你会纠正你上司的话吗？像艾米一样，你可能因为以下几个原因选择不纠正：

▲ "我不会在别人面前告诉上司他错了。"

▲ "他只是想表现得积极一点——这没什么错。"

▲ "他只是有点儿轻率——没什么大不了的。"

▲ "他可能知道一些我不知道的事情。"

▲ "现在说什么都不合时宜。"

▲ "他只是不想让任何人感到不安。"

这些答复只是对你没有直言不讳和纠正错误陈述的行为而进行的合理化解释。因为是你的上司，你就得事事附和吗？不管是因为你对上司的恐惧还是你想避免冲突，你都是在为自己开脱。当你选择不说话或不参与处理错误、不诚实或欺骗的事情时，你的行为是诚信的吗？你的不作为和沉默是否使你成为这一违规行为的同谋？如果违规行为继续下去或者后果更严重，你会有不同的感觉吗？你的诚信或组织的诚信是否应该取决于利益攸关的因素，如经济、客户满意度或公司声誉？你判断一个人的行为是否诚信的依据是什么？你应该根据情况调整自己是否表现出诚信行为吗？正如你所见，诚信是一个问题多于答案的棘手问题之一。

答案是什么

艾米的故事是她和她的上司拉塞尔之间，以及艾米、拉塞尔和组织之间的价值观冲突的典型例子。个人诚信源于个人价值观和道德观，而组织诚信则是由雇主、职业或机构的价值观、道德观、政策和实践来定义的。个人和组织的价值观构成了你判断是非、真假、善恶的主要依据。诚信就是为自己和你的组织做正确的事情——你们都需要感受到自己的行为是正确的。

做对你而言正确的事

诚信是一个棘手的问题，当这个问题涉及你的上司时，它就更加棘手了。当你的个人价值观与你的上司或组织的价值观不一致时，内部冲突会在你的行为中显现出来。当你选择让上司的价值观凌驾于你的个人价值观之上时，你正在损害你的个人诚信。违规行为是轻微的还是严重的？诚信一旦失去，就很难被重新找回。当艾米容忍上司的疏忽时，她是在贬低和损害自己的诚信。诚信就像一个滑坡——一旦你走上不诚实和欺骗的合理化道路，你也会倾向于做出其他妥协。

> 一旦你走上不诚实和欺骗的合理化道路，你也会倾向于做出其他妥协。

当这种冲突出现时，与上司保持良好的工作关系是至关重要的。如果艾米与上司建立了积极的、友好的关系，那么她会比以前更公开、更自信地处理这个问题。

你能做什么

你怎么处理艾米和上司之间的困境？正如我们在前面的许多技能中所学到的那样，艾米不应该寻求责备，而应该采取负责任的行动（技能3和技能4），并与她的上司一起将问题（球）向前推进（技能5）。艾米需要保持透明（可见），坦诚地和上司谈谈她对这种情况的不安，以及她想把事情做好的愿望。这样做的目的不是指责她的上司不道德的行为，而是关注他们的客户没有得到完整信息这一事实。为了做到这点，艾米可以对拉塞尔说："就我个人而言，如果客户知道全部情况，我感觉会更好；我相信全面披露信息是正确的选择。"

听了这样的一句话，拉塞尔可能会有什么反应？

▲ 场景1：拉塞尔倾听，承认她的担忧，并采取个人行动或与艾米联合采取行动，以使艾米和拉塞尔都满意的方式纠正与客户的关系。

▲ 场景2：拉塞尔坚持自己的做法，但提出了一个折中方案："如果一个月后情况没有好转，那么我同意我们需要通知我们的客户。"

▲ 场景3：拉塞尔坚持自己的做法，拒绝采取纠正措施，并告诉艾米："我们不需要做任何事情；这没什么大不了的。"

为组织做正确的事

你可以接受这些场景中的哪些？它们看起来都可以接受吗？哪些表现

出高度的诚信？没有正确或错误的答案，因为诚信不是绝对的，只是做正确的事情。下面让我们检查每个场景。

场景1将是一个积极、双赢的结果，上司认可、尊重（技能4：给艾米吃冰激凌），强化艾米的行为和顾虑（技能6），并采取包容的行动，让双方都满意（技能3）。

场景2看起来是艾米上司的合理让步，但也可能是拖延战术或欺骗。为了确保透明度和责任感（技能3），艾米应该在会面后立即通过后续电子邮件或类似文件确认他们的决定（技能6：前因），简述一个月后会面的协定，如果情况没有改善，就通知First Class公司。记住，信任是很重要的，写出来的东西更容易被理解（技能5）。

场景3将是最困难的。在这种情况下，拉塞尔在解决这个问题上起到了阻碍作用。针对这种情况，艾米可以这样说："我理解你的立场，拉塞尔，我感谢你在这方面的支持，但这个问题真的困扰着我。我可以提个建议吗？我知道公司拥有应对此类情况的资源，我认为从公司那里得到澄清会让我感觉好些。我只想确保我们每个人都做了正确的事，不是吗？他们可能给我们提供一些不错的选择。要不要我帮忙调查一下？"

乍一看，这种反应似乎有点儿冒险，但作为团队领导者，重要的是要思考流程并将问题带到组织中的正确级别（技能1：使用楔形模型）。这是一个要求你以正确的方式做正确的事情，以获得正确的结果的例子（技能2）——首先要与你的上司合作，以获得解决方案（技能3：包容；技能5：让他先行动），其次，如果失败了，利用你的影响力，戴上你的管理者帽子（技能2），以确保遵守公司政策和道德规范。

与大多数沟通一样，重要的不是你说什么，而是你怎么说（技能5：艰难的对话）。艾米的话不是反对或与拉塞尔争论这个问题，而是尊重他人（技能5：在艰难的对话中说"我"）、透明、合作（技能3：艾米的话是

"你—我—我们"的三明治)、思想开放、面向未来（技能4：蛋筒的上部），她采取行动控制自己的恐惧（技能7）。每当发现自己与上司陷入僵局时，你一定要想办法让情况变得不那么个性化和敌对，最重要的是，在解决人际关系问题时，一定要站在能带给你最大力量和影响力的立场上来考虑（技能1）。在这种情况下，艾米的优势在于她的价值观和个人诚信，以及来自为公司做正确的事情（遵守公司政策和道德规范）带来的影响力。

> 每当发现自己与上司陷入僵局时，你一定要想办法让情况变得不那么个性化和敌对。

作为经验丰富的管理者，拉塞尔知道艾米可以越过他把事情报告给公司。希望拉塞尔能意识到，他不愿意向客户完全披露问题在很多方面都是不对的，一个好上司会欣赏艾米的诚实、担忧和尊重。如果拉塞尔很聪明，他也会立即做正确的事情。

总结

艾米的例子是一种考验你作为领导者的良知的情况。当这种情况发生时，你有两个选择：做对你和组织有利的事，或者承受后果以及可能的遗憾和失望。诚信不是避免或合理化一个可能的错误，也不是有勇气挑战你的上司；它关于为你自己和你的组织做正确的事情——你们都需要感受到自己的行为是正确的。

与难相处的上司共事

正如我们在艾米的故事中所看到的，有一个难相处的上司是极具挑战性的情况。难相处的上司会阻碍你的进步,让你的工作变得更加困难。糟糕的上司通常自私、控制欲强、刻薄、不公平、优柔寡断、漠不关心、脾气暴躁和/或专制。艾米的故事说明,与一个难相处的上司打交道需要你向上管理,并运用你学到的人际关系技能。与难相处的上司共事的秘诀是:站在自己的蛋筒的顶端,保持可见度和积极影响,向前滚动球,掌控自己的命运。

站在自己的蛋筒的顶端

正如技能3、技能4和技能5中所提到的,难相处的人处于他们的"蛋筒"的下部,受两个因素驱动:恐惧和另一种现实。基本上所有的不良行为都可以归因于恐惧——你的上司也不例外。关键是不要让上司的恐惧吓到你。当你的上司对你刻薄、消极或粗鲁时,这是对你上司的控诉,而不是你。不要把你上司的坏习惯和坏情绪内化。接下来你要做的才是最重要的事情(技能4),所以当消极的事情发生时,采取积极的行动。另外,试着从工作中的许多积极因素中找到感激和安慰,如你的朋友、团队、同事、客户、项目、旅行、培训和专业活动。与难相处的上司相处时很难保持积极,但如果你将工作中发生的好事内化,那么就更容易防止上司的坏行为影响你的自信和自尊。换句话说,你的上司可能会控制你的工作,但不要让你的上司控制你的情绪——尤其是你对自己的感受。

如果有一个糟糕的上司,那么你很容易忽略全局。沮丧、消极、愤世嫉俗和报复你的上司,并不能让你成为一个更好的人。为你的糟糕上司努力工作,你就会脱颖而出。这听起来可能很疯狂,但请记住,你工作绩效的任何下降都会对你的项目、团队和组织产生不利影响。此外,其他主管和你上司以外的其他管理者也会注意到你的积极态度和表现,你的声誉也会提高。不要出于怨恨而做——这是一种不健康的心态。

保持可见度和积极影响

不要把难相处的上司看成一个充满不确定性、恐惧和不信任的"黑箱"（技能7）。了解你上司的性格类型，你就会明白他的价值观、恐惧和行为。如果你能有效地向上管理，保持可见度，你就会得到上司的青睐和提高影响力，他也就不太可能排斥你（技能3），而更可能相信你是一个能干、有用的人（技能2：伙伴关系）。这样做的目的是让你的上司把你看成积极而非消极的影响，并以尊重、公平的态度对待你。

向前滚动球

只有当你的上司阻碍你进步时，他才会变得难相处。你无法控制上司的态度或行为，所以你有一个选择：继续对上司的刁难行为感到沮丧和灰心，或者控制自己的情绪，把精力投入更有成效的事情上（技能7）。继续增加你的知识和发展你的技能，寻找新的机会和项目，甚至寻求导师和其他内部拥护者来支持你的工作和职业生涯发展。

只有当你容许他抑制你的成长和进步时，你的上司才是难相处的。不要让难相处的上司偷走你的热情、兴趣、希望，以及你在工作和职业生涯中的个人成长。继续相信你自己，做伟大的工作，并保持可见度和良好的声誉。

掌控自己的命运

你的上司定义了你的工作目标，而不是你的个人目标。你的个人目标、激情和抱负能让你保持积极，专注于长期工作而不是每天发生的琐碎、烦人的事情。设定明确、具体、富有挑战性、有趣、令人兴奋的个人目标，去实现你的梦想。你的个人目标、激情和抱负比工作目标重要得多。要自我负责、自我激励、自我决定，不要把自己的命运交给别人。你有自己独特的道路和步伐。你比你想象得更自主——做你自己的冠军。

第8章 如何赢得上司的青睐和提高影响力

技能8记忆卡

赢得上司更大的青睐和提高影响力
更引人注目

赢得青睐和提高影响力的策略	管理糟糕的上司
1. 提高个人敬业度——履行你的承诺	1. 始终诚信行事——为自己和组织做正确的事
2. 有敢于尝试的态度——做一个实干家，而不是一个抱怨者	2. 让流程干"脏活"
3. 构建个人能力——能力提高意味着价值增加	3. 始终站在能带来最大力量和影响力的立场上行动
4. 与上司沟通并保持联系——让他了解你的进步	4. 身体力行，保持高声誉
5. 寻求双赢的关系——当你的上司赢的时候，你也赢了	5. 保持可见度和积极影响
6. 成为首选资源——成为"活报刊亭"	6. 向前滚动球——不要让一个糟糕的上司阻碍你的成长和热情
7. 了解上司的偏好	7. 掌控自己的命运——做自己的冠军

技能8总结

与上司有良好工作关系的员工身体健康、心理健康，有更高的工作满意度。技能8是关于"向上管理"的技能，这意味着需采取具体行动，与你的上司建立良好而有影响力的关系，为你、你的上司和组织创造共同的价值。

上司和员工之间的关系是相互依赖的——上司依靠你的知识、技能、经验来完成必要的任务和项目，而你需要依靠你的上司来提供资源、指导和支持。在任何关系中，你对另一方了解得越多，你就越能理解他，也就越能与他相处融洽。

上司与员工关系中最重要的一些人力因素包括：了解是什么激发和削弱了双方的积极性，他们的个人工作风格和喜好，他们的气质和性格类型，以及他们喜欢被怎样对待。当上司和员工不知道对方的工作偏好时，双方会以试错模式运作，并根据自己对对方行为的看法做出假设，这可能导致人际冲突和误解。你可以通过帮助你的上司了解和重视你的才能、技能、积极的态度、知识、资源和完成工作的能力，来改善你与上司的关系，增加你成功的机会。

赢得上司青睐和提高影响力的关键是变得更引人注目，这意味着要更加积极主动、投入、胜任、富有成效、富有创造力、富有影响力，并支持上司、团队和组织。这项技能提供了七个关键措施，以增加你的可见度：提高个人敬业度，有敢于尝试的态度，构建个人能力，与上司沟通并保持联系，寻求双赢的关系，成为首选资源，了解上司的偏好。

这项技能还可以解决你可能遇到的两种最困难的情况：与缺乏诚信的上司共事和与难相处的上司共事。诚信问题涉及解决个人价值观和组织价值观之间的冲突，并理解组织价值观在职场中具有更大的影响力、相关性和优先级。管理难相处的上司需要控制你能控制的东西，而不是让你的上司控制你的感受、目标和命运。你不能控制你上司的行为，但你可以通过运用这项技能所提供的几种策略和技巧来帮助你塑造你上司与你的互动方式。向上管理的好处多多，你可以运用这些行之有效的技巧来极大地提高你的影响力，改善与上司的关系。

后记

回顾一下从8项基本的人际关系技能中学到的所有东西,如果你发现自己还有更多的问题和疑问,也不要感到惊讶。人际关系问题总是持续不断的、不可预测的、耗时的,并且在智力和情感上都具有挑战性的。项目经理的角色可能会继续扩大,并需要更复杂的技能。如果工作简单,他们就不需要你了。我希望你能掌握这8项基本的人际关系技能,并从自身出发继续提高,使之个性化。

以下总结了从讨论团队领导者的8项基本的人际关系技能中得出的最佳建议。

- ▲ 技能1:在诊断和纠正人际关系问题时,使用楔形模型快速、有效地找到根本原因,应用正确的绩效和杠杆因素(分别是旋钮和杠杆),并引导纠正措施。
- ▲ 技能2:当你试图解决棘手的人际关系问题时,始终保持真实的自我,戴上能给你最大的力量、机会和影响力来解决问题并帮助你的员工成功的帽子。
- ▲ 技能3:要建立一个高度成功的项目团队,需要创建由6种包容性的"我们"行为支持的令人信服的环——相互信任、相互依存、责任感、透明、学习和重视个性。
- ▲ 技能4:为了转变人们的态度,提高人们的幸福感和成就感,我们了解到，用冰激凌蛋筒认可员工在工作上的出色表现要比让员工感到被低估和给"空蛋筒"好得多。

▲ 技能5：通过向前滚动球，让流程来干脏活，帮助难相处的员工和绩效不佳的员工拥有更积极、更有成效、更具前瞻性的心态，从而搞定难相处的员工和绩效不佳的员工。

▲ 技能6：激励正确的行为需要使用ABC盒子，这些盒子是形成可持续改变人们绩效的提示（前因）、行动（行为）和强化（结果）。

▲ 技能7：当面对变化、问题和挑战时，控制你的恐惧，采取行动，减少环境、能力和不良结果的不确定性；否则，恐惧会把你置于一个"黑箱"中，控制你的行动，扭曲你的思维，制造更大的不确定性，并使你对自己产生怀疑。

▲ 技能8：当你试图赢得上司的青睐和提高影响力时，你可以选择要么通过卓越的绩效、诚信和团队合作来增加自己的可见度，向上管理并放大自己的价值；要么保持隐形，让上司控制你的动机、诚信、情感和幸福感。

这8项基本的人际关系技能将帮助你引导和塑造正确的团队行为，并提高你管理项目的成功率。在你的职业生涯中，你管理的大大小小的项目数不胜数，但你帮助、指导、辅导和扭转局面的努力将是你最难忘和最珍惜的经历。让他们难忘的不是解决问题的胜利，而是领导团队并获得成功的喜悦。

优秀的团队领导者努力工作，让人们对他们自己和他们的工作感觉良好，这样的领导者是供不应求的。而且每个部门、组织、行业和领域都需要他们。所以请继续学习和磨炼你的人际关系技能。这个世界需要你！